国家哲学社会科学基金项目
"中国学生汉译英机助评分模型的研究与构建"结题成果

基于不同文体的中国学生汉译英自动评分模型的研究与构建

王金铨　著

外语教学与研究出版社
北京

图书在版编目（CIP）数据

基于不同文体的中国学生汉译英自动评分模型的研究与构建 ／ 王金铨著.
北京 ：外语教学与研究出版社，2024. 11. —— ISBN 978-7-5213-5815-5

I. H315.9

中国国家版本馆 CIP 数据核字第 2024VU7325 号

基于不同文体的中国学生汉译英自动评分模型的研究与构建

JIYU BUTONG WENTI DE ZHONGGUO XUESHENG HAN YI YING ZIDONG PINGFEN
MOXING DE YANJIU YU GOUJIAN

出 版 人	王　芳
责任编辑	李婉婧
责任校对	孔乃卓
封面设计	覃一彪
出版发行	外语教学与研究出版社
社　　址	北京市西三环北路 19 号（100089）
网　　址	https://www.fltrp.com
印　　刷	北京九州迅驰传媒文化有限公司
开　　本	650×980　1/16
印　　张	14.5
字　　数	217 千字
版　　次	2024 年 11 月第 1 版
印　　次	2024 年 11 月第 1 次印刷
书　　号	ISBN 978-7-5213-5815-5
定　　价	62.90 元

如有图书采购需求，图书内容或印刷装订等问题，侵权、盗版书籍等线索，请拨打以下电话或关注官方服务号：
客服电话: 400 898 7008
官方服务号: 微信搜索并关注公众号"外研社官方服务号"
外研社购书网址: https://fltrp.tmall.com

物料号：358150001

序

　　年末，我到扬州大学参加翻译学术研讨会，研讨会与翻译批评理论建设相关，周领顺教授的译者行为批评研究成了会议探讨的重点之一。我一直认为，翻译批评特别重要，但一直有个难以解决的理论问题，也是一个难以解决的实践问题：翻译的评价。翻译批评，包括翻译评价。我国翻译教育事业的飞速发展，迫切需要翻译评价问题研究的突破。翻译的评价问题，涉及评价的标准、评价的依据、评价的方法、评价的效度。在此期间，听说王金铨教授完成了一个与翻译评价密切相关的国家社科基金项目，成果的名称为《基于不同文体的中国学生汉译英自动评分模型的研究与构建》。我迫不及待，想一睹为快，看看它对自己思考的翻译评价问题是否有新的启迪。

　　翻译评价有主观性的一面，尤其是文学翻译，所谓智者见智，仁者见仁。但翻译教学中的翻译评价，或更严格意义上的翻译评分，特别需要科学而客观的标准。要进行客观、科学的翻译评价，并展开翻译评价研究，不仅要具备跨学科的研究视野和足够的知识储备，而且还要有科学的研究工具和手段，王金铨教授的专著《基于不同文体的中国学生汉译英自动评分模型的研究与构建》给我留下了深刻的印象。本书探讨的对象很明确，其研究方法具有跨学科和学科交叉的特质，大大拓展了我对翻译评价问题的思考路径。

　　王金铨教授是一个具有跨学科背景的优秀中青年学者。他在南京大学读硕士研究生期间跟随文秋芳教授进行了与翻译评价相关的研究，随后在北外读博期间又对译文机助评分做了进一步探索，而本书正是他跨学科视野和深厚知识储备的明证。他对翻译评价所做的创新性工作有助于解决翻译评价质性有余、量化不足的问题。本书利用语料库语言学、信息检索、统计学以及自然语言处理领域中的相关知识，通过提取学生译作中与译文质量相关的多种文本特征，进行了多元回归分析，着力构建有效的测试评分模型，以实现叙事文、议论文和说明文三种文体汉英翻译的自动评价，其研究成果不仅在实际使用中可以节约大量用于人工评分的人力和物力，而且也可为翻译教学及其他大规模测试评分体系的研究提供理论支持与实践验证，更为翻译质量评价研究提供了新的视角和方法。

从方法论层面来看，所谓翻译质量量化评价，就是用定量的方法对翻译质量所作的评价。翻译自动评分模型的建构需要在多样化的评价变量中进行筛选，并对模型的信度与效度进行验证。为了解决这两个问题，研究中采取了多学科的理论与技术，在说明文、叙事文、议论文三种文体中，自下而上地从字词、句子、篇章和语义等层面，提取与译文质量相关的形式变量和语义变量。同时，为了保证译文质量预测因子在不同文体模型中的预测能力，该研究以训练集为起点，分别建立了叙事文评分模型、说明文评分模型和议论文评分模型，且三种文体评分模型相关系数均在 0.8 以上，达到了大规模评价测试的要求。从数据来看，王金铨教授的研究极为细致和扎实，他将翻译质量主观评价标准转化为计算机可识别、可操作的量化评价标准，并努力形成完整的体系。作为一个技术盲，我对此表示由衷的敬佩。

在我看来，王金铨教授的翻译自动评价研究是一项走在学术前沿、可持续发展的研究工作。他突破了翻译质量评价中所存在的主观性过强的束缚，尝试着用系统且科学的研究方法，为学习者制定一个统一、高效的评分标准。王金铨教授是一位踏实笃行的学者，他历经数十个春秋，潜心著书立说，主持的两个国家社科基金项目均与翻译质量量化研究相关，本书正是他潜心科研、勇于探索的学术结晶。

这部专著为我国翻译自动评分研究的发展提供了有益借鉴。首先，该书界定了影响人工译文质量的预测因子，创建了人工译文自动评分模型，探索并构建了适合中国二语学习者的三种文体汉译英自动评分系统，并专门设计了保障评分系统稳定性和可靠性的多种措施，努力实现人工译文评分自动化。其次，该书挖掘并验证了能够预测中国二语学习者不同文体汉译英文本的有效变量，且通过研究数据有力地证实了书中所发掘的形式和语义变量的可靠性和有效性。该书在测试学研究领域具有原创性，对我国其他大规模测试评分体系的研究具有借鉴和启迪作用。我特别希望学界同仁关注这部著作，在大数据盛行、生成式人工智能飞速发展的新时代，用新理论、新方法和新技术去开展"新时期"的翻译质量评价研究，为促进我国翻译质量评价研究乃至大规模评分体系研究的创新发展做出贡献。

是为序。

许 钧

2023 年 12 月 26 日于南京黄埔花园

前言

本研究为国家社科基金项目"中国学生汉译英机助评分模型的研究与构建"的结项成果，综合了英语写作自动评分和机器翻译自动评价两个领域的知识，利用语料库语言学、信息检索、统计学以及自然语言处理领域中的相关知识，通过提取学生译作中与译文质量相关的多种文本特征，进行多元回归分析，构建有效适应不同文体的汉译英自动评分模型，既可以用于日常汉译英训练，也可以应用于大规模翻译测试评分。

本研究通过三种文体自动评分模型的构建和比较回答了以下三个研究问题：

研究问题一：汉译英自动评分系统中有效预测变量有哪些？是否对不同文体译文都有效？

研究问题二：译文质量预测因子构建的模型在不同文体中的预测能力如何？汉译英自动评分系统的评分信度能否达到语言测试的要求？

研究问题三：汉译英自动评分系统对不同文体译文进行评分时是否具有同等效果？训练集译文的最低样本量至少应该达到多少？

对于第一个问题，本研究在机器翻译评价和英语作文自动评分系统研究基础上，运用多种自然语言处理方法、信息检索技术、语料库检索技术和统计分析技术，经过不断尝试和挖掘，提取了67个与译文质量相关的文本变量，其中55个为形式变量，12个为语义变量。形式变量包括三类：与字词有关的形式特征、与句子有关的形式特征和与篇章有关的形式特征。这些变量从各种不同的角度衡量译文形式和语义质量，数据显示，与字词有关的形式特征中的形符数、类符数、形符类符比、一级词汇形符、类符数量、名词、动词、形容词数量、连接词语等变量与三种文体的译文形式质量较为相关。语义变量包括三类：语义点、N元组，都与译文质量高度相关，相关系数均在 0.6 以上（SVD 值和 N 元组百分比除外）。在模型构建时，形式变量中句子数、类符数等相关变量在三种文体中出现频率最高，句子数在议论文中的出现概率是 47.5%，在说明文中出现的概率是 15%。类符数在叙事文中的出现概率为 37%，在说明文中为 26%。形符类符比在说明文中为 27.5%，占比最高。这三个变量的数值均为译文相应变量数值与最佳译文均值的差值绝对值，反映了待测译文与最佳译文之间的差距，数值越大，则偏离越大，相似度越小。语义变量中语义点的预测能力最强，出现频率也最高，在三种文体的出现概率均超过 47%，即约一半模型中都有语义点变量的贡献。N 元组是另一个预测能力较强的语义变量，尤其是一元组和二元组。一元组在叙事文中出现的频率为 23 次，概率为 39%；在议论文中出现的频率为 20 次，概率为 50%。二元组在说明文出现的频率为 38 次，概率为 48%。SVD 在三种文体的语义模型中均有出现，弥补了语义点和 N 元组变量测量的空白。本研究挖掘的 67 个形式和语义变量中，有 59 个变量在三种文体评分模型中至少出现了一次，充分体现了这些形式和语义变量的信度和效度。

综合 180 次模型构建的结果，在三种文体中共有的高频形式变量有句子数和类符数，高频语义变量有语义点、一元组、二元组和 SVD 变量。如能确定这些共有变量在自动评分模型中的权重系数，则能实现汉译英评分系统的通用化和全自动化。

对于第二个问题，本研究以 100 篇训练集为起点，共建立叙事文评分模型 60 个，说明文评分模型 80 个，议论文评分模型 40 个，总计构建评分模型 180 个。模型拟合数据显示，叙事文形式模型的相关系数 R 均值达到 0.749，语义模型的相关系数 R 均值达到 0.863；说明文形式模型的相关系数 R 均值达到 0.763，语义模型的相关系数 R 均值达到 0.897；议论文形式模型的相关系数 R 均值为 0.559，语义模型的相关系数 R 均值为 0.853。从建模结果分析，可以得出如下结论：由译文质量预测因子构建的评分模型在不同文体中的预测能力均很强，所有评分模型拟合数据良好，说明文评分模型拟合数据最好，叙事文次之，议论文形式模型略低，语义模型与叙事文相仿。

从三种文体机器评分的信度分析报告来看，叙事文形式模型机器评分与人工评分相关系数均值为 0.7087，语义模型机器评分与人工评分相关系数均值为 0.8546；说明文形式模型的机器评分与人工评分相关系数均值为 0.7635，语义模型机器评分与人工评分相关系数均值为 0.8983；议论文形式模型机器评分与人工评分相关系数为 0.58，语义模型机器评分与人工评分相关系数均值为 0.857。将形式和语义人工评分和机器评分按照 4 : 6 比例合并后观察译文整体质量发现，叙事文各比例训练集机器评分与人工评分的相关系数均值为 0.865，说明文各比例模型人工评分与总体译文质量自动评分信度均值为 0.908，议论文各比例模型人工评分与总体译文质量自动评分信度均值为 0.817。三种文体自动评分系统的评分信度均超过了相关系数 0.7 的语言测试要求，即使最低的议论文自动评分系统也达到了 0.817，各文体评分模型均表现出良好的稳定性和预测能力。

对于问题三，综合三种文体汉译英自动评分系统的性能，说明文自动评分模型表现最好，相关系数在 0.9 以上，叙事文和议论文评分模型相关系数均在 0.8 以上。分析其原因，说明文平实简洁，表达清晰，意义明确，易于转换为英文表达，也有利于计算机自动评分。叙事文生动形象，语言表达形式丰富，容易造成汉英转换时形式和语义上的翻译难点。议论文以抽象思维为主，例证丰富，逻辑严密，在翻译时，语言形式的转换和句意表达对二语学习者可能会造成一定的难度。三种文体语言文字的特点造成了不同的翻译难度。

建模结果表明由 67 个形式、语义变量构建的自动评分系统在三种文体中均表现良好，达到了大规模测试评分的要求。不同比例训练集构建的评分模型对机器评分信度影响不大，数据显示，当训练集样本量达到 100 篇时，随着样本量增加，信度曲线基本呈现平直状态，波幅不大。在现有语料条件下，由 100 篇译文构成的训练集基本能够涵盖可能出现的翻译结果，满足译文自动评分系统的需要，但该结论还需要更大样本数据的验证和支撑。

本研究的价值在于：

第一，本研究探索并构建了适合中国二语学习者的三种文体汉译英机助评分系统。虽然国内外作文自动评分系统的研究较多，但汉译英自动评分系统的研究基本为空白。本研究以叙事文、说明文和议论文三种文体的学生译文为语料，经过大规模人工评分、变量挖掘、模型构建、模型验证等阶段，最终构建了三种文体的汉译英自动评分模型，为中国学生汉译英自动评分系统投入实际应用打下了理论和应用的基础。

第二，在不同文体条件下，本研究挖掘并验证了能够预测中国二语学习者汉译英文本的有效变量，挖掘的 67 个形式、语义变量中，有 59 个变量在三种文体评分模型中至少出现了一次，有力地证实了本研究所发掘的形式和语义变量的可靠性和有效性。

第三，通过三种文体多比例多轮次评分模型构建，本研究发现了汉译英自动评分系统中的共性参数，形式变量有句子数和类符数，语义变量有语义点、一元组、二元组和 SVD 变量，如能进一步确定这些共性参数在自动评分模型中的权重系数，无需人工评分就能实现汉译英评分系统的通用化和全自动化。

第四，在更大文本范围和更多文体中验证了王金铨（2008）所构建的评分模型。王金铨（2008）的研究只限于一种文体（叙事文），且只一次性做了一种比例（150 训练集：150 验证集）诊断性测试评分模型和四种比例（30：270；50：250；100：200；150：150）选拔性测试评分模型的构建和验证工作，研究结果表明由 100 篇译文构成的训练集在评分信度和效度上能够满足译文自动评分系统的需要。本研究在三种文体、多种比例训练集（100 篇及以上训练集）、多次随机分组的基础上对王金铨（2008）的研究做了进一步验证和拓展，为中国学生汉译英机助评分系统提供了更有力的数据支撑和技术保障。

目录

第一章 绪 论

1.1 研究背景

国内外英语水平考试层出不穷，已经形成了不同体系。国内有 CET、PETS、TEM、研究生入学考试等各级各类英语水平考试，国外有 TOEFL、GRE、IELTS 等语言水平测试。这些考试无一例外都包含主观题，例如，在托福 IBT 测试中，听说读写四个部分基本上以主观题为主要测试形式，主观题测试已经成为衡量学习者外语水平的重要标尺。作为五种英语技能之一的翻译，在国内的上述主观题测试中出现频率也颇高，例如，在考生人数众多的四、六级考试中，改革前是单句汉译英，改革后调整为段落汉译英，翻译内容涉及中国的历史、文化、经济、社会发展等各方面。四级汉译英段落包含 140—160 字，六级段落长度为 180—200 字（参见四、六级考试委员会网站 http://www.cet.edu.cn/slj.htm）。此外，我国还有针对翻译技能的专门测试，如全国翻译专业资格考试（CATTI）、全国外语翻译证书考试（NAETI）、上海外语口译证书考试等。

全国翻译专业资格考试（CATTI）由我国外文局翻译专业资格考试中心举办，首次考试时间为 2003 年，考生人数仅为 1682 人；2021 年报考量突破 35 万人；2022 年仅上半年，考生报名人数近 18 万，呈现几何级数增长（详见 http://hebei.ifeng.com/c/8RmzzYuUpTu）。每年参加英语专业八级考试的人数也在万人以上，而大学英语四、六级考试的参加人数更为惊人，2023 年四、六级考试全国报名人数为 2035 万人（详见 https://m.sxks114.com/cn/h-nd-12890.html）。如此庞大的考生队伍必然给阅卷工作带来繁重的负担，为了减轻阅卷人员的工作量，提高阅卷效率，翻译自动评分系统的研制势在必行。

其次，翻译测试评分是主观性比较强的项目，对评分员要求比较高。由于考生众多，必然需要邀请数量可观的评分员。首先，找到如此众多合格评分员实属不易。其次，在高强度的评分过程中要求如此众多的评分员一以贯之地把握评分标准更是难上加难。如果评分质量受到限制，势必影响评分的信度和效度。此外，低质量的评分也会给考生带来不良影响，甚至有可能影响他们的人生轨迹。Zhang（2013: 2）在 ETS 的报告中曾指出人工评分的三个不足："首先，必须要聘请到合格的评分员；其次，必须要培训评分员如何把握评分标准，并在正式评分前保证他们具有合格的评分能力；最后，必须要在评分过程中密切监控评分员，以保证评分质量和一致性。"总之，在大规模考试中保证人工评分的信度和效度是一项巨大的工程，其结果往往不太尽如人意。

再者，计算机技术的飞速发展为人工评分转为机器自动评分带来了十分难得的机遇。国内外相继问世的计算机自动评分系统尤其是英语作文评分系统，对汉译英自动评分系统的研究与构建具有较强的借鉴意义。

计算机自动评分系统的应用不仅能够节约成本（Bereiter 2003; Chung & O'Neil 1997; Page 2003），还可以有效地提高评阅的一致性和效率。Mason（2002）指出，英国教师 30% 的时间都花在了评分上，而这 30% 时间的价值是 30 亿英镑。通过计算机评分可以减轻教师工作量，提高工作效率，减少不必要的经费开支。David et al.（2010: 1）指出，"计算机评分系统与人工评分相比，速度更快，效率更高。此外，自动评分系统一致性更高，更为公平，也便于对考生成绩做长期跟踪分析，有些评分系统还能够对考生在考试中的表现提供细致的反馈"。Page（2003: 46）在"Project Essay Grade: PEG"一文中指出，"自动评分的准确性一般要高于两个评分员之间的评分信度（准确性指与评分员均分的一致程度）"。国内外作文自动评分系统的研究都表明机器评分与人工评分之间的一致性比较高（Attali 2004; Burstein & Chodorow 1999; Elliot 2000, 2002, 2003; Landauer et al. 2003; Nichols 2004; 梁茂成 2005; Wang & Stallone 2008; Shermis 2014）。

国内外学界在作文自动评分系统方面研究较为深入，而在翻译自动评价方面相对不足。作文自动评价和翻译自动评价虽有区别，但有很多共性，作文自动评分系统在架构、模块、变量、研制方法等方面可以为翻译自动评分系统提供有益的思考和借鉴。

本研究是王金铨（2008）的后续研究，基于对英语专业高年级学生300篇叙事文汉译英文本的分析，利用多种语料库检索技术、信息挖掘技术、自然语言处理技术，从训练集译文中提取多个能反映学生译文质量的文本特征，通过回归分析构建了叙事文汉译英篇章、单句的诊断性评分模型，和适用于大规模测试的选拔性评分模型，并对同题汉译英验证集文本进行自动评分。研究结果表明，初步评分模型表现良好，能够比较准确地预测中国二语学习者的汉译英成绩。但是，王金铨（2008）的研究只是一个开端，以一篇叙事文为语料进行了理论探索和实践创新，初步构建了汉译英评分系统模型。不过，对于汉译英评分系统而言，基于一篇汉译英文本构建的评分模型还有待进一步验证，在文章体裁、文本数量等方面进一步扩充，最终形成预测力强、运行稳定、适应多种体裁的自动评分系统。

1.2 研究目的及研究问题

本研究将综合英语写作自动评分和机器翻译自动评价两个领域的知识，利用语料库语言学、信息检索、统计学以及自然语言处理领域中的相关知识，通过提取学生译作中与译文质量相关的多种文本特征，进行多元回归分析，构建有效适应不同文体的汉译英自动评分模型，既可以用于日常汉译英训练，也可以应用于大规模翻译测试评分。

本书的研究目的有三方面：

（1）探索适合中国二语学习者的汉译英机助评分系统。虽然国内外作文自动评分系统的研究较多，但翻译自动评分和作文自动评分区别比较大。首先，翻译有原文限制，在内容上不会像作文那样享有较大的自由度，字数也应在一定范围之内；其次，翻译更注重对意义的传达。奈达（Nida & Taber 1969: 12）将翻译定义为"在译语中用最切近而又自然的对等语再现原语信息，首先是意义，其次是文体"。意义的重要性超过形式，甚至在某些情况下，为忠实传达意义而牺牲形式。翻译与写作的不同特点决定了翻译自动评分系统一定会具有不同于作文评分系统的特点和元素，这也是本研究的重点和翻译自动评分系统成败的关键。

（2）挖掘能够预测中国二语学习者汉译英不同文体译文的有效变量。作文自动评分系统能够为翻译自动评分系统提供比较好的借鉴作用，但是作文系统中现有变量对不同文体汉译英文本的预测能力尚未证实；其次，鉴于翻译自身的特点，需要挖掘更多符合汉译英特点的有效预测变量。

（3）在更大文本范围和更多文体中验证王金铨（2008）所构建的评分模型。王金铨（2008）的研究只限于一种文体（叙事文），且只一次性做了一种比例（150训练集：150验证集）的诊断性测试评分模型和四种比例（30：270；50：250；100：200；150：150）的选拔性测试评分模型的构建和验证工作，诊断性测试评分模型包括形式评分模型和语义评分模型，选拔性测试评分模型只包含语义模型。研究结果表明由100篇译文构成的训练集在评分信度和效度上能够满足译文自动评分系统的需要。本研究将在三种文体、多种比例训练集（100篇及以上训练集）、多次随机的基础上对王金铨（2008）的研究做进一步验证和拓展，反复尝试，力争挖掘更多、更有预测力的文本变量，不断优化汉译英测试自动评分模型。

本书试图解决的研究问题如下：

问题一：汉译英自动评分系统中有效预测变量有哪些？是否对不同文体译文都有效？

问题二：译文质量预测因子构建的模型在不同文体中的预测能力如何？汉译英自动评分系统的评分信度能否达到语言测试的要求？

问题三：汉译英自动评分系统对不同文体译文进行评分时是否具有同等效果？训练集译文的最低样本量至少应该达到多少？

1.3 研究概述

王金铨（2008）的研究以一篇叙事文汉译英文本为语料创建了中国学生汉译英自动评分模型。本书在此基础上进一步拓展，涵盖了叙事文、说明文和议论文三种文体，包括近千篇文本，在多种文体、更大语料规模和更多训练集比例的基础上验证初始评分模型的预测力和稳定性。由于单句翻译缺乏上下文，不利于整体把握和理解，且翻译测试中的单句翻译近乎绝迹，原本包含单句翻译的四级考试也进行了改革，全国大学英语四、六级考委会已于 2013 年 8 月将单句汉译英调整为段落汉译英测试。另外，从翻译实践来看，有上下文的篇章翻译更符合阅读习惯，也更有利于文本理解和翻译。王金铨（2008）的研究表明篇章译文评分模型中所使用的预测变量完全适用于单句译文自动评分，本研究将以汉译英篇章为基础进行多种文体评分模型构建。

本研究历经了语料收集、语料转写、人工评分、变量挖掘、初始模型创建、初始模型验证、更大规模模型创建和验证等几个重要阶段。

在语料收集阶段，本研究收集了来自国内 11 个省市自治区、18 所不同水平层次大学英语专业三、四年级的汉译英语料，涵盖了 985、211、地方综合性大学、外语院校、理工院校、师范院校等多层次、多类型的高校，尽可能使语料更具代表性和广泛性。

在语料转写阶段，所有纸质文本形式的语料都被逐篇录入电脑，录入过程中最大限度地保留了学生译文的原貌，包括各种错误。

在人工评分阶段，由于本研究首先创建的是叙事文汉译英评分模型，研究者制定了详细的形式和语义评分细则，组织了多名有丰富英汉翻译阅卷经验的评分员对叙事文语料进行逐句评分，包括语义评分和形式评分。后续说明文和议论文人工评分将继续沿用叙事文评分标准，以保证人工评分的一致性。

在变量挖掘阶段，研究团队利用语料库分析技术、信息检索技术和自然语言处理等技术从译文文本中提取了大量能够预测译文质量的文本变量，包括形式变量和语义变量，分别作为三种文体形式和语义评分模型的自变量。

　　各文体语料将进行多次随机分组，形成不同比例的训练集和验证集，训练集用来构建各文体自动评分模型，验证集用来验证所构建自动评分模型的性能和预测力。

　　在模型构建阶段，本研究利用自然语言处理技术、信息检索技术和语料库分析技术，从三种文体训练集汉译英文本中提取多个能反映学生译作质量的文本特征项作为自变量，然后通过统计分析，计算自变量与因变量（人工评分）之间的相关系数，确定进入评分模型的预测因子，以相应形式或语义成绩作为因变量进行多元回归分析，反复尝试，不断优化，得到多元回归方程，该方程即可用来为同题译文进行自动评分。

　　在模型验证阶段，利用模型构建阶段所得到的统计模型为验证集译文自动评分，计算机器评分与人工评分之间的相关系数以确定初始模型的信度和效度。

　　为检验评分系统的稳定性和预测力，在模型构建阶段，本研究以100篇译文训练集为起点，以二分之一训练集为终点，通过五次随机的方式产生不同比例的训练集和验证集，构建自动评分模型，验证预测变量和回归模型的性能和稳定性，三种文体不同比例评分模型创建情况如下：

表 1.1　三种文体自动评分模型创建说明

文体	篇数	训练集验证集比例	随机分组次数	构建模型数量
叙事文	300	100 ： 200 110 ： 190 120 ： 180 130 ： 170 140 ： 160 150 ： 150	每个比例形式、语义评分模型随机分组 5 次	60
说明文	336	100 ： 236 110 ： 226 120 ： 216 130 ： 206 140 ： 196 150 ： 186 160 ： 176 170 ： 166	每个比例形式、语义评分模型随机分组 5 次	80

（待续）

（续表）

文体	篇数	训练集验证集比例	随机分组次数	构建模型数量
议论文	257	100：157 110：147 120：137 130：127	每个比例形式、语义评分模型随机分组 5 次	40

　　表 1.1 显示本研究将创建三种文体形式、语义自动评分模型共计 18 个比例，每个比例训练集、验证集随机分组 5 次，共创建 180 个自动评分模型。王金铨（2008）的研究只创建了叙事文一种比例（150 篇训练集：150 篇验证集）的诊断性测试评分模型和四种比例（30：270；50：250；100：200；150：150）的选拔性测试评分模型，且只进行了一次随机分组。研究结果显示，100 篇训练集和 150 篇训练集表现都很好，增加训练集后，模型性能提高有限，从提高人工评分效率出发，以 100 篇训练集构建的评分模型较为符合评分模型的需要。本研究在此结论基础上，以 100 篇训练集为起点，增加不同文体、训练集比例和随机分组次数，构建三种文体的汉译英自动评分模型，验证并拓展王金铨（2008）的研究结果，进一步完善中国学生汉译英评分系统的构建工作。

1.4　研究结构

　　本书共包含九章。

　　第一章介绍本研究的背景、研究目的和问题，以及对本研究进行概述。

　　第二章回顾分析了计算机辅助语言测试的理论基础和计算机技术在语言测试中的应用，并在此基础上指出计算机辅助语言测试所面临的挑战和发展方向。

　　第三章回顾近五十年来计算机评分系统的发展历程和主要特点，探讨现有自动评分系统的优缺点，对本研究中汉译英机器评分系统的框架、模块和预测变量提出总体设计和建设构想。

　　第四章介绍现有翻译质量评估方法及其在计算机自动评分系统中的应用，综合翻译自动评价系统和作文自动评分系统中对语言质量进行评价的手段和方法，并提出适合中国学生汉译英自动评分系统的量化评测方法。

第五章介绍本研究中所使用的语料、汉译英评分标准的制定、评分过程和评分信度。

第六章介绍本研究中使用的自然语言处理工具，包括文本预处理工具、文本分析工具和数据分析工具，描述评分模型中形式、语义文本特征及其提取方法和过程，并对数据分析流程进行了概述。

第七章考察所提取的文本特征与三种文体译文质量之间的关系，遴选进入模型构建过程的译文质量预测因子。

第八章构建三种文体汉译英测试自动评分模型，考察评分模型的预测能力和评分信度，比较三种文体自动评分系统，考察预测变量的稳定性和预测力。

第九章为本研究的结论部分，总结本研究的主要发现，指出模型应用中的注意事项、研究价值、研究不足，并对将来的研究工作做一个系统回顾和展望。

第二章 计算机辅助语言测试与评价：应用与发展 [1]

本章将围绕计算机辅助语言测试的理论基础和计算机技术在语言测试中的应用这两方面进行回顾和分析，并在此基础上指出计算机辅助语言测试所面临的挑战和发展方向。

2.1 引言

21世纪以来，信息技术的飞速发展使得计算机成为人们获取和传播信息的主要载体和途径。在第二语言习得领域，计算机技术和人工智能技术广泛应用于语言教学的各个方面，从课前备课、课堂教学到课后训练，无一不闪现着计算机技术的身影。当前慕课（MOOC, Massive Open Online Course）这种大型开放式网络课程的流行正是全球知识的生产与传播得益于计算机技术发展的结果：在网络平台上以在线课堂的方式构建知识，传播知识，共享知识。计算机技术在语言教学领域的应用精彩纷呈，效果良好（Pathan 2012: 30）。很多研究（Reid, 1986, Neu & Scarcella 1991; Phinney 1991; Chapelle 2008; Garrett 2009; Heim & Ritter 2012; Esfandiari & Arefian 2023; Zhang, Zhang & Wilson 2023）已经充分展示了计算机技术在外语教学领域发挥的优势和效果。

在语言测试领域，计算机技术更是得到广泛应用。早在20世纪60年代，计算机技术就在语言测试评价方面做出了重要贡献，第一代计算

---

1 本章为国家社科基金项目"基于不同文体的中国学生汉译英自动评分模型的研究与构建"阶段性成果，发表于《中国外语》，2015年第6期；于2023年12月重新修订。

机自动评分系统 PEG（Project Essay Grader）作文评分系统诞生了。到了 20 世纪 80 年代初，随着微型计算机的普及，计算机技术开始大规模影响语言测试领域，Jones, Randall & McKay（1983），Weiss, David（Ed.）（1983），Frey, Gerard（1984），Larson & Madsen（1985），Tung（1986）分别发表了与计算机语言测试（computerized adaptive language testing）相关的论文论著，标示着计算机化测试时代的来临。Chapelle & Doughlas（2006：2）更是明确指出，如今语言测试技术已经得到飞速发展，无论学习者置身何处，总免不了需要参加一些计算机辅助的语言测试。与此同时，随着语言测试社会学研究的深入发展，测试功能也逐渐多元化和社会化（李迪 2021：88）。

2.2 相关术语界定

2.2.1 计算机辅助语言测试

计算机辅助语言测试的英文表达形式多样，有 computer-assisted language testing, computer-based language testing, computer-enhanced language testing, computer-managed language testing（Davies et al. 2002: 29）。计算机辅助语言测试是指测试开发人员可以利用扫描仪将测试者纸笔测试试题扫描到计算机上，教师在计算机上进行卷面批改，并对测试的结果进行数据统计分析或形成成绩报表，还可指受试者直接在计算机上进行的语言测试。计算机的题库里存储了大量试题，经过人工管理和明确分类，施考人员根据测试目的和性质对题库中的试题进行提取，作为测试内容。本文的计算机辅助语言测试主要是指测试者直接在计算机上进行的语言测试。计算机辅助语言测试分为单机测试和网上测试（web-based language testing 或 internet-based language testing）。单机测试一般安排在多媒体教室，测试时间由施考人员安排，试题由教师终端分享到学生终端。网上测试的优势在于学生可以自由选择考试时间和地点，且不受测试相关人员的干扰。在进行大规模测试过程中，测试者同时接收测试指令和测试内容，以减少区域差异，降低不公平因素。同时，随着多媒体技术的发展，音频、视频和图像广泛应用于计算机辅助语言测试中，使测试情景更真实，有助于缓解学生的紧张感和焦虑感。计算机还可根据学生的测试反应和测试行为判断学生的语言能力，自动生成符合学生能力的试题，并迅速提供反馈信息。

2.2.2　交际语言能力

随着心理语言学、社会语言学、应用语言学、认知语言学、计算机语言学和语料库语言学的发展，人们对交际语言能力的研究越来越深入。到了 20 世纪 70 至 80 年代，语言学家 Hymes 首先提出交际能力的概念。Canale & Swain（1980）提出了交际能力理论框架，认为语言能力包括语法能力、社会语言学能力、成段话语能力和策略能力。Bachman（1990:87-98）对交际语言能力做了进一步阐述，他认为交际语言能力由语言能力、策略能力和心理社会机制三方面构成。语言能力包括语言组织能力和语用能力。语言的组织能力中又包含了对词汇、形态学、句法、音位学等语言形式结构系统的掌握能力和语言置于语篇中的运用能力。语用能力包括语言行事行为能力和社会语言能力。语言行事行为能力具体包括语言产生的概念功能、操控功能、启发功能和想象功能；而社会语言能力是指对方言和语言变体差异的敏感度、对语域差异的敏感度、理解文化典故和修辞的能力、对地道表达方式的敏感度。从 Bachman 的语言能力模型中，我们可以看到语言的交际能力包括受试者对语言形式的掌握能力和在不同语篇和交际情境中合理运用语言及采取相应语言策略的能力。交际语言能力模型对语言测试产生了非常重要的影响，被认为是语言测试史上的里程碑，而计算机辅助语言测试为评价学习者的交际语言能力提供了一种崭新的手段。

2.3　计算机技术在语言测试与评价中的应用

计算机技术在语言测试中的影响与日俱增，在试题命制、测试、评阅、成绩分析等环节，计算机技术被广泛应用。Noijons（1994: 38）指出，计算机辅助语言测试（CALT）就是"利用计算机技术得到并评价受试者语言水平的一整套程序"。这一整套程序包含三个部分：试题生成、测试互动和水平评价。在试题命制阶段，计算机是教师命题最基本、应用最广泛的平台。在测试阶段，目前基于计算机甚至网络的测试越来越普及。在试卷评阅阶段，以计算机为载体的评阅方式在重大考试中普遍运用；在成绩分析阶段，计算机更是不可或缺，可以为考试组织者提供诸如试卷信度、效度、难度、区分度以及评分的描述性统计数据等。

2.3.1 计算机技术在命题中的应用

语言测试题型分为主观题和客观题。在传统纸笔测试中，词汇、语法、阅读的多项选择题和填空题是主流，托福纸笔考试（PBT）包括听力、语法、阅读和写作，只有写作是主观题，其余都是多项选择题或填空题。计算机技术在命题中的应用范围主要在客观题，也就是多项选择题、填空题、判断题等题型。Bull & McKenna（2004）指出，与纸笔测试相比，计算机在线测试能够大幅度降低大规模测试的工作量。随着计算机辅助测试的流行，试题自动生成技术（Automatic Item Generation, AIG）和计算机辅助试题生成技术（Computer Assisted Item Generation, CAIG）应运而生。Sinharay and Johnson（转引自 Mark & Thomas 2013: 183）指出"在大规模测试中，尤其是施测时间灵活，有试题泄露风险的考试，建立大量高质量的试题库显得尤为重要，而在以低廉的花费生成高质量试题的过程中，试题自动生成技术的吸引力与日俱增"。

计算机辅助试题生成技术通常包含语料库（corpus）、句法转换规则（transformational rules）、句法分析（parser）、自动术语提取（automatic term extraction）和单词意义解歧（word sense disambiguation）等资源和技术，经过题干生成、干扰项生成、不合格试题筛查等过程产生有效的试题。自 20 世纪 90 年代以来，试题自动生成技术得到快速发展。Wilson（1997）运用语料库方法自动生成计算机辅助教学使用的练习题。Chen, Liou & Chang（2006）运用自然语言处理方法开发了 FAST 系统，可以自动生成英语语法多项选择题和改错题。Shei（2001）研制的 Follow You!

系统可以自动生成语言学习课程和练习。Dalmas（2003）通过对文本进行形符化、词性标注、词形还原、句法分析等语言处理，构建可以用于生成阅读理解和问题回答的标注语料库。Mitkov and Ha（2003）运用自然语言处理方法提取主要观点的方法半自动生成阅读理解。Liu, Calvo & Rus（2012）开发了可以提高学生学术英语写作水平的问题全自动生成系统，该系统通过比对专家提出的问题和机器系统生成的问题，发现机器生成的问题与专家问题效度相同。彭翕成和曹洪洋（2022）以三元算术几何均值不等式的加强为例，对计算机探索自动命题的经验进行总结。研究分为四步，分别为建立模型、分析数据、证明检验和直观显示。数据表明，计算机命题可为教学、考试、研究等提供素材并减少大量人力物力。

2.3.2　计算机技术在施测过程中的应用

计算机技术在语言测试施测过程中的应用主要有两种：单机测试和网络测试。单机测试缺乏网络支持，分发试题和收集答卷过程需要人工操作，一般应用于小规模测试。网络测试突破了单机测试的限制，可以通过网络下载试题，并在作答过程中同步上传答卷，实现了测试全程自动化、网络化，提高了测试的安全性和便利度，能满足大规模测试的需求。托福考试 1964 年第一次开考，经历了从纸笔测试（Paper-based Test, PBT）、单机测试（Computer-based Test, CBT）到网络考试（Internet-based Test, IBT）的发展历程，托福 IBT 完全基于计算机和网络，试题在开考前下载储存于缓存机器上，考试当天，考生从入场，分配考位，下载试题，作答，答题结果上传至考场缓存并实时传送到 ETS，整个考试过程通过网络在计算机上完成，全面展示了计算机技术在语言测试领域的应用。在国外，网络上有众多用于英语测试的网站，如 http://www.usingenglish.com/testing/、http://www.cambridgeenglish.org/test-your-english/、http://www.transparent.com/language-resources/tests.html、http://www.english-test.net/ 等。这些网站一般提供多项选择题、填空题、判断题等客观题型的测试，方便计算机评阅。在国内，计算机在语言测试中的应用也很广泛。

早在 2008 年，四、六级考试在 50 多家高校实施机考，题型包括听力理解、听说写综合测试和阅读理解。在日常教学中，计算机和网络技术在英语写作测试、口语测试、听力测试中被广泛运用。很多高校在第一轮大学英语教学改革中采用了"基于计算机（网络）和课堂的多媒体教学模式"（2+2+X），其中 X 部分即为课后自主学习，学生借助计算机、校园网，开展听、说、读、写、译全方位的技能训练，培养自主学习外语的能力。基于计算机的自主学习时间要求达到 4 课时以上，充分利用计算机技术和网络技术开展语言训练，促进学生的语言学习。我国普通话水平测试分为人测和机测两种，现阶段机器辅助测试已经成为主流。普通话测试的前三部分读单音节、读多音节和短文朗读可由电脑软件评分，第四部分则由人工评分员对待测声音文件赋分。

2.3.3　计算机技术在语言测试评价中的应用

客观题答案唯一，计算机自动评分难度不大，已经非常成熟。主观题自动评分由于答案的主观性、开放性和发散性，评分则要困难得多。作文自动评分是主观题评分的先驱，早在 1966 年，美国杜克大学的 Ellis Batten Page 就研制出 PEG（Project Essay Grader）作文评分系统。该系统主要是通过文本表层特征分析，提取有效的文本特征变量进行多元回归分析，最终形成作文评分模型。90 年代后出现了 IEA、E-Rater、INTERMETRIC 等作文自动评分系统。IEA 主要是应用潜在语义分析（Latent Semantic Analysis, LSA）技术计算待测文本与训练文本之间的语义相似度，从而得出待测文本的分数。潜在语义分析始于信息检索领域，是利用数据统计以及数学分析方法，通过观察词项在同一文本中出现的相对频率来计算语义的相似度（王金铨等 2007：406）。E-Rater 具有独立的句法模块、语篇模块和主题分析模块（Marina 2005: 104），结构效度较好，能够比较全面地考察作文的语言和形式，是比较成熟的作文自动评分系统。国内，梁茂成（2005）研制了适合中国英语学习者的作文自动评分系统，吸收了国外自动评分系统的长处，兼顾中国英语学习者的特点，从多维度考查了英语作文质量，实践证明该模型能够有效地对中国英语学习者的作文进行评分（王金铨 2010：78）。黎秋艳等（2023）为实现英语在线考试系统主观题自动评分的目标，基于 GloVe-CNN 算法提出了主观题自动评阅模型。PEG、IEA、E-rater 以及梁茂成（2005）作文评分系统的测量维度如下表：

表 2.1　作文自动评分系统测量维度比较

	PEG	IEA	E-rater	梁茂成（2005）
测量方法	训练集、多元回归	训练集	训练集、多元回归	训练集、多元回归
测量内容	语言形式	语义内容	句法、语篇、主题分析	语言、内容、结构模块
测量技术	统计技术、自然语言处理技术	信息检索技术（潜在语义分析，LSA）	统计技术、自然语言处理技术、信息检索技术（向量空间模型，VSM）	统计技术、自然语言处理技术、信息检索（潜在语义分析，LSA）
测量变量	表层形式特征	语义相似度（LSA）	句法结构、语篇结构、语义相似度（VSM）	流利度、复杂度、地道性、语义相似度（LSA）、语篇结构

　　正如上文所述，大学英语四、六级考试规模随着考生人数的增加而不断扩大，每年高达两千多万考生。因此，计算机技术在四、六级考试中的运用成为大势所趋。自 1987 年 9 月，四级考试首次举办，计算机技术在这三十多年中发挥了巨大的作用，且技术也在不断更新完善（金艳、杨惠中 2018）。现在的四、六级考试中，不论是口语考试或是主观题测试，计算机辅助评分系统均能发挥不错的作用。虽然计算机辅助评分系统在四、六级考试中评分效果较为理想，能够满足基本评分需求，但对于特殊文本如抄袭手机应用软件翻译的作弊文本、抄袭阅读篇章的写作文本无法进行有效准确的识别。因此，自动评分系统仅能作为人工评分的一项监控指标（金艳等 2021）。此外，系统虽可对大规模语言测试提供一定辅助，其准确性、可靠性及可操作性仍需在大数据基础上进一步探究验证，且自动评分后的教学亦值得关注（Jin et al. 2017）。

在翻译自动评分领域，王金铨（2008）研制了信度可靠、运行稳定的汉英机助译文自动评分模型，初步实现了大规模汉译英测试的评分自动化。该翻译自动评分系统使用 300 篇限时 60 分钟的汉英叙事文笔译材料，三名评分员依据制定的评分细则分别对译作的语义和形式进行了认真细致的评分。王金铨（2008）的研究进行了两次评分，分别用于构建诊断性测试评分模型和选拔性测试评分模型。第一次人工评分采用全覆盖的语义、形式评分方式，对译文中所有语义点都进行了人工评分，并以语言"准确性"和"恰当性"为标准对语言形式进行了人工评分。评分结果显示评分员语义评分相关系数均值为 0.959，形式评分相关系数均值为 0.981；第二次评分只对有区分度的语义点进行评分，评分员之间相关系数均值为 0.930。

王金铨（2008）汉译英评分系统结果显示，在诊断性测试评分模型中，篇章译文机器形式评分与人工形式评分之间的相关系数为 0.741**，机器语义评分与人工语义评分之间的相关系数为 0.842**。篇章译文总分（语义、形式六四比例）与人工评分（六四比例）的相关系数为 0.848**。在选拔性测试评分模型中，构建了四种比例的机器评分模型（30∶270；50∶250；100∶200；150∶150），与人工语义评分之间的相关系数分别为 0.844**、0.870**、0.878** 和 0.897**。数据显示，该系统评分效果良好，能够比较准确地预测中国二语学习者的汉译英成绩。

江进林、文秋芳（2012）研制了有效可靠的英译汉学生译文机器评分模型，实现了大规模英译汉测试的自动评分。该研究使用的语料来自《中国大学生英汉汉英口笔译语料库》（文秋芳、王金铨 2008），包括说明文、记叙文、叙议混合文等三种文体，共计 900 多篇汉语译文。该研究也进行了两次人工评分：细致型和简化型。细致型评分方式以"信、达、切"为评分标准，简化型以有区分度的语义点进行评分。在细致型评分过程中，三名评分员语义评分的相关系数均值都在 0.89 以上，在第二次评分中，三组语料两次语义评分之间的平均相关系数分别达到 0.924、0.932 和 0.963。江进林、文秋芳（2012）研究提取了 N 元组匹配数量、词对齐数量、评分点对齐数量、语义相似度等语义特征作为模型构建的自变量，研究发现，说明文和记叙文译文中 130 篇训练集所构建模型的预测分数与人工评分相关系数分别达到 0.860** 和 0.883**，叙议混合文译文中 100 篇训练集所构建模型的预测分数与人工评分相关系数达到 0.923**，系统运行效果良好，对中国二语学习者的英译汉成绩能够进行比较准确的预测。

2.4 计算机辅助语言测试的发展方向

计算机辅助语言测试经历了 50 多年的发展，从简单的客观题评测到作文、翻译等复杂主观题的评测，从单机测试到网络测试，从计算机命题到语言水平自动评价，已经成为语言教学不可分割的重要组成部分。目前正在兴起的微课（Micro-lecture）、慕课和 SPOC（Small Private Online Course）必将借助计算机辅助语言测试完善教师的教学过程，为教学评估、学生学业评定提供充分的数据支撑。随着计算机人工智能、语音识别、大数据采集等技术的不断完善，计算机辅助语言测试的前景必将更为广阔，写作、翻译等主观题评分的信度和效度必将不断提高，为语言测试提供更为客观、经济、高效的评价方式。我们可以预见在不久的将来，计算机不仅可以评价书面语写作和笔译，甚至能够实现对口语、口译进行评测——实现语言测试的现代化对于提高语言教学质量具有重大的现实意义。

第三章　五十年来国内外翻译
自动评分系统评述 [1]

3.1　引言

　　本章通过对国内外计算机评分系统进行分析评述，探讨现有自动评分系统的优缺点，为本研究中汉译英自动评分系统的创建提供思考和借鉴。本章共包括三个部分：第一部分对现有国内外作文自动评分系统进行评述；第二部分对机器翻译评价系统进行评述；第三部分对人工译文自动评分系统进行评述；第四部分讨论现有计算机自动评分系统对本研究的启示和借鉴。

3.2　国内外作文自动评分系统述评

　　英语作文自动评分系统（Automatic Essay Scoring, AES）是最早诞生的计算机评分系统，对于作文自动评分系统的分析可以为翻译评分系统提供非常宝贵的经验和借鉴。历史最悠久的作文自动评分系统是诞生于 20 世纪 60 年代的 PEG（Project Essay Grader）系统，距今已有 50 多年历史，其间 PEG 系统也经历了休眠期（sleep mode）和重新觉醒期（Page 2003: 45）。时至今日，PEG 依然不断更新，显示出极强的生命力。20 世纪 90 年代，IEA、IntelliMetric、E-rater、BETSY 等作文评分系统不断涌现，都已投入实际应用。在国内，梁茂成（2005）作文评分系统吸收了国外作文评分系统的优点，充分考虑了中国英语学习者的特点，显

1　本章为国家社科基金项目"基于不同文体的中国学生汉译英自动评分模型的研究与构建"阶段性成果，发表于《扬州大学学报（人文社会科学版）》，2016 年第 2 期；于 2023 年 12 月重新修订。

示了良好的评分信度和效度。李金辉（2009）以潜在语意分析（Latent Semantic Analysis）为基础，研发了中国学生四、六级英语作文自动评分系统 LEES（LSA-based EFL Essay Scorer），发现 LEES 的评分结果与四、六级评卷人员评分结果成微弱的正相关，进而判定 LSA 不适合四、六级英语作文自动评分。于明诚等（2023）针对英文作文自动评分模型对不同尺度的上下文语义特征提取缺乏这一点，基于多尺度上下文提出了英文作文自动评分研究方法（MSC），并验证了这一研究方法的有效性。上述国内外评分系统或有成熟或略显稚嫩，但都有很多值得翻译评分系统学习借鉴的地方。

3.2.1　国外作文自动评分系统述评

Cohen et al.（2003）指出 AES 是一种可靠高效的评价方式，大致可以分为三种类型：（1）基于对文本表面特征（surface features）的分析；（2）基于对语义空间（semantic space）的分析；（3）基于自然语言处理（Natural Language Processing）。这三种类型实际上是作文评分系统的内在运行机制，即以何种变量为英语作文自动评分。英语作文自动评分系统基本可以归为上述三种类型之一，第一种评分系统通过从英语作文中提取表面形式特征作为评分依据，如形符数、名词数、句子长度等，PEG 是此类系统的典型代表。这种类型的作文评分系统只注重文本形式与作文质量之间的关系，忽视了语义内容对作文质量的影响，而对于作文来说，语义内容是不容忽视的重要维度。一篇作文如果内容与题目相去甚远，即使形式再优美也不能获得高分。第二种类型的作文评分系统通过从待测文本中提取与作文内容相关的语义信息作为评测依据，如运用向量空间模型（Vector Space Model, VSM）计算文本间的语义相似度，即以夹角向量间的余弦值来计算待测作文与人工评分作文之间的语义空间距离，这类作文评分系统的典型代表为 IEA（Intelligent Essay Assessor）。这种评分机制只关注了语义内容对作文质量的影响，忽视了语言形式以及宏观的文本组织结构对作文质量的影响。第三种评分系统综合了前两种的优点，是一种混合式、多维度的作文系统。这种评分系统一般是基于模块化设计，包括形式模块、语义模块和篇章模块等，比较典型的是 E-rater 作文评分系统和 IntelliMetric 系统。

本节将以这三类评分系统的代表 PEG、IEA、E-rater 和 IntelliMetric 为例，综合评价作文自动评分系统的优缺点和可资翻译评分系统借鉴之处。

3.2.2.1　PEG 作文自动评分系统

PEG 是最早开发的作文自动评分系统，该系统始于 1964 年 12 月，当时该系统用来为康涅狄格大学学生的作文进行计算机分析和评价。1965 年，该项目得到纽约市大学入学考试委员会的资助。1966 年，美国考试办公室给予了更大的支持，系统也初见雏形（Page 1967: 1）。2002 年，Measurement Incorporated 公司收购了该软件。据该公司网站介绍，在过去的 5 年中，PEG 已为 200 多万学生作文评分，在 1000 所学校和 3000 所公共图书馆中作为形成性评估工具使用（http://www.pegwriting.com/about）。

1964 年至今，PEG 系统已走过 60 年的发展历程，其间经历了萌芽期、休眠期和觉醒期。PEG 系统的运行原理如下：（1）建立作文集并进行人工评分；（2）从训练集中提取表层文本特征并进行相关分析：（3）通过多元回归分析建立评分模型；（4）运用评分模型为验证集中的作文自动评分；（5）计算机器评分与人工评分之间的相关系数。Page（1967: 2）自创了 trin 和 prox 两个词来描述作文自动评分系统中所使用的文本特征。trin 代表人工评分时所依赖的作文内部特征，而 prox 指在自动评分系统中模拟 trin、可以被计算机识别的文本特征。人工评分使用的评分标准（trins）通常是抽象的，不为计算机所理解，只有将人工评分标准量化为计算机可以识别的变量（proxes），才能在自动评分系统中应用。第一代 PEG 系统所使用的 proxes 包括平均句长（Average Sentence Length）、段落数量（Number of Paragraphs）、文章长度（Length of Essay in Words）、括号数量（Number of Parentheses）、标点符号数、介词、连词、代词数量等 30 个变量，多元回归系数（Multiple R）达到了 0.71，在当时的历史条件下，这样的系统表现已是不小的成就。

PEG 系统更多地注重表层结构而忽视了作文语义方面内容的测评而受到批评，因此在系统实际使用时会出现漏洞，如长篇文章形式流畅却语义不通，仍可获得高分。在之后的几十年中，PEG 整合了多种分析器、词典等多方资源，进一步完善了系统。最新的实验结果显示，系统评分与人工评分在相关性上高达 0.87（Valenti, et al. 2003）。PEG 系统的首创性在于它将多元回归统计分析和文本特征提取技术结合起来为英语作文进行评分。虽然系统只是考虑了文本表面特征，忽视了对语义内容的评判，但是对于作文自动评分系统而言，PEG 开启了新的篇章。其成果对于翻译自动评分系统、多元统计分析技术和文本形式特征提取技术都值得参考和借鉴。

3.2.2.2　IEA 作文评分系统

IEA（Intelligent Essay Assessor）是美国科罗拉多大学 Thomas Landauer 等学者开发的英语作文评分系统，与 PEG 不同，IEA 系统以语义内容为评价重点（Landauer, Laham & Foltz 2000; Landauer, Laham & Foltz 2003; Streeter, Psotka, Laham & MacCuish 2004）。Foltz et al.（1999: 1）明确指出 IEA 是"一套用来测量文章语义内容质量的工具"。IEA 的系统原理是通过潜在语义分析（Latent Semantic Analysis, LSA）计算文本间的语义相似度以确定文章的写作质量。IEA 系统将待测作文与已评分作文相比较，计算两者的语义内容相似度来进行整体评分（Laham 1997; Landauer, Laham, Rehder & Schreiner 1997）。Landauer et al.（2003）指出，由于使用了 LSA 技术，IEA 只需要 100 份已评分作文作为训练集，而其他作文评分系统需要 300—500 份。

潜在语义分析（Latent Semantic Analysis, LSA）运用数据统计和数学分析的方法，通过观察词项在同一文本中出现的相对频率来计算语义的相似度（王金铨、梁茂成、俞洪亮 2007: 406）。Laham（1997）、Landauer et al.（1998）、Turney（2005）等运用 LSA 方法做过很多与语义相关的语言研究和心理学研究。在国内语言学界，桂诗春（2003）首先对潜在语义分析的原理和应用进行了深入探讨，并运用 LSA 对 CLEC 中学生作文的失误进行了研究。梁茂成（2006）运用 LSA 方法分析了英语学习者作文中的语篇连贯性。王金铨、王克非（2008）将 LSA 运用于汉译英中的语义相似度评价。

IEA 评分系统通过潜在语义分析的方法计算待测文本与背景文本（如课本、作文范文等相关语料）之间的语义相似度，并以此相似度作为机器评分。在 Foltz 等（1999）的研究中，研究者以两篇 GMAT 作文为题，分别收集了 695 篇论述文（opinion essays）和 688 篇议论文（argument essays），比较了人工评分与 IEA 机器评分之间的相关性。研究结果显示，两篇作文人工评分员之间的相关系数分别为 0.86 和 0.87，机器评分与人工评分之间的相关系数均为 0.86，表明了 IEA 系统与人工评分之间高度的一致性，也说明了 LSA 方法在语义内容评测方面的有效性。

IEA 系统运用潜在语义分析方法对文本间的语义相似度进行了充分的挖掘，但该系统未给予语言形式和篇章组织结构足够的重视，在整体效度上稍有不足。语义内容评价是翻译评价中非常重要的方面，IEA 系统使用的潜在语义分析方法非常值得翻译自动评分系统借鉴。

3.2.2.3　E-rater 和 IntelliMetric 作文评分系统

E-rater 系统是美国教育考试处（Educational Testing Service, ETS）Burstein 博士等研究人员在 20 世纪 90 年代综合自然语言处理技术、信息检索技术和统计分析技术研制的英语作文评分系统（Burstein et al. 1998; Burstein et al. 2001）。E-rater 系统的诞生是为了应对 GMAT 机考，机考后，GMAT 考试由每年 4 次增加至 216 次，考生成几何级别增加，计算机自动评分不失为一个解决问题的好办法。

E-rater 是比较成熟的商用计算机评分系统，1999 年起为 GMAT 作文评分，2005 年起为托福作文评分。根据 Valenti et al.（2003: 322）的研究，E-rater 与人工评分之间的准确率在单独评判验证集作文时达到 80%，同时评判训练集和验证集时达到 90%。与 PEG 和 IEA 相比，E-rater 既注重形式，也注重内容。E-rater 具有独立的句法模块、语篇模块和主题分析模块（Marina 2005: 104）。通过模块化设计，E-rater 从句法、语篇和内容三个方面对一篇作文进行全面评价，具有良好的结构效度。根据 Bursein（2003: 116-118）介绍，句法模块是通过词性赋码的方法实现文本句法分析；语篇模块是通过识别语篇连接词语和句法结构的方法来分析文本中的语篇关系；主题分析模块是通过向量空间模型（Vector Space Model, VSM）分析文本的词汇使用来判定内容相似程度。虽然 E-rater 有诸多优点，但是也有一些不足。梁茂成（2007：21）指出，"对学生作文中语言质量的分析应该包括词汇、句法、语言的准确性等多个方面，而 E-rater 对语言质量的分析主要考虑的只是作文中的句法多样性，这势必会影响机器评分的效度"。Dodigovic（2005: 104）指出，与潜在语义分析相比，E-rater 对于近义词的识别能力较差，影响评分结果。

E-rater 中形式与内容兼顾的模块化设计、良好的结构效度以及多种变量提取和统计技术的应用都值得翻译自动评分系统借鉴。

IntelliMetric 是由 Vantage Learning 公司开发的人工智能自动作文评分系统。该系统实质上是基于自然语言处理与机器深度学习的一款自动评分系统。该系统具有适应性评分能力。首先，系统利用已经完成评分的作文进行训练，识别高分、低分等所对应的不同语言特征，并模仿人工评分特点，建立评分规则。因此，IntelliMetric 可以根据不同场景、不同要求制定个性化评分标准。系统现已被广泛用于各种教育评估中，包括 SAT、TOEFL、GRE 等标准化考试以及各种其他写作评估任务。

IntelliMetric 系统具有一定准确性，它被定位为高度准确的作文评分系统。该系统与 E-rater 相似，在多个评估标准下进行评估，包括作文中的语义、语法、句法、篇章等多方面，共包含 300 多项语言特征，以确保评价的准确性。研究数据发现，IntelliMetric 系统评估的分数与人工评分的一致率高达 97% 至 99%。

IntelliMetric 系统尝试使用人工智能与深度学习的技术，虽受训练集数量的影响，但该技术的使用为翻译自动评分提供借鉴。

3.2.2　国内作文自动评分系统

与国外研究相比，国内自动评分系统起步较晚。中国作文自动评分系统的相关研究虽处于起步阶段，但学界与企业等均对作文自动评分系统的研发投入了大量精力，并产出了一系列成果。

梁茂成（2005）作文自动评分系统影响较大，研究较为深入。在梁茂成教授主持的教育部哲学社会科学研究项目"大规模考试英语作文自动评分系统的研制"（编号06JA740007）结项报告会上，与会专家一致认为该研究处于国内领先水平（http://paper.i21st.cn/story/45794.html）。梁茂成（2005）构建的中国学生英语作文自动评分系统借鉴了 PEG、IEA 和 E-rater 系统的优点，从语言、内容和结构三个方面衡量作文质量。语言模块包括三个分模块：流利度、复杂度（句法和词汇）以及地道性。内容模块通过潜在语义分析和程序性词汇数量来考察，结构模块通过作文中的话语连接词以及段落数进行衡量。梁茂成（2005）的作文评分模型从多维度考察了英语作文的质量，实践证明该模型能够有效地对中国英语学习者的作文进行评分（王金铨、文秋芳 2010：78）。但该研究仅使用 220 篇已评分的作文作为研究样本，且作文题材有限。因此，该研究存在样本数量少、范围窄、文本特征少等问题。

借鉴 IEA 系统，李金辉（2009）尝试使用 LSA 理论来探究中国大学生四、六级英语作文自动评分系统。李金辉所研发的中国学生英语作文自动评分系统 LEES（LSA-based EFL Essay Scorer）与人工评分结果呈现微弱的正相关性，相关系数 r=0.154。进一步分析可得知，共有两方面原因导致以上结果。第一，理论自身局限性，LSA 理论仅对作文内容进行考察，忽视了作文的形式，如句法、语法等。第二，系统存在漏洞。该系统仍有完善余地，未能准确有效地运用 LAS 理论，对于限时作文文本质量测评存在不足。周洲等（2019）通过提取核心词和关键词，运用 LSI 和 TF-IDF 模型构建了一个主观题自动评分系统。该研究使用 jieba 中文分词工具进行文本预处理，使用 Python 语言实现主观题自动评分系统，对考生答案与标准答案的语义相似度进行分析，对考生作答的主观题进行批改和评分。同时，该研究通过随机抽取的方式，对 5 份考生试卷使用该主观题自动评分系统进行测试，并于人工评分进行对比分析和说明。该实验的结果表明，LSI 和 TF-IDF 模型构建的主观题自动评分系统在一般情况下可以满足主观题自动评分的功能，后续可进行深入研究。

除去学界对作文自动评分系统的研究，越来越多的企业与团队加入了研究。2010 年以来，越来越多的企业开始关注自动评分系统的研发，并与高校合作探究自动评分系统在英语写作教学中的应用及其对学生写作能力的影响。其中，具有代表性的自动评分系统有"冰果英语智能作文评阅系统""句酷批改网""语文作文智能批改系统""英语作文智能批改系统"等。两个系统在作文自动评分中发挥了重要的作用，并得到了大批一线教师和学生的使用，但仍存在一定不足。如，第一，部分系统仅关注总体评分，忽视了不同作文不同层面的考察，无法对学生写作水平的提升给出系统全面的建议；第二，部分系统过于关注细颗粒度变量，对于句法、篇章层面的考量存在不足。

3.2.3　作文自动评分系统对翻译自动评分系统的启示

作文评分系统作为计算机自动评分的先驱，经过几十年的发展和更新，有很多方面值得翻译自动评分系统学习和借鉴，各主要作文评分系统的特点总结见第二章表 2.1。

3.2.3.1　测量方法对翻译评分系统的借鉴作用

首先，所评述的作文自动评分系统在测量方法上都包含训练集，PEG 系统从训练集中提取作文表层形式特征作为自动评分系统中的预测变量，并通过多元回归分析构建评分模型。IEA 系统以相关教材、作文范文和其他素材为训练集，形成语义分析对比的基础。该系统未使用多元回归分析。E-rater 系统和梁茂成（2005）系统运用自然语言处理技术，信息检索技术按照人工评分标准从训练集中提取评分标准中能够量化的指标，再通过多元回归分析形成评分模型。在这些系统中，训练集的作用至关重要。打个比方，训练集就像教练，对评分系统进行有指导的训练，告诉系统哪些文本特征是采分点，哪些不是。除了 IEA 系统，其余三种作文评分系统都使用了多元回归分析作为模型构建的主要方法，王金铨、文秋芳（2010：79）指出："多元回归分析在模型构建过程中的作用不可替代，它可以进行多种分析，除了能够分析因变量与自变量之间的相互影响（多元回归），还可以分析因变量和自变量之间的关系（相关关系）、自变量之间的关系（偏相关关系），确定进入回归方程的自变量，运用回归方程进行预测。"作文自动评分系统中采用的训练集和多元回归分析方法值得翻译自动评分系统学习，可以从译文训练集中提取与译文质量相关的预测变量，通过多元回归分析形成评分模型。

3.2.3.2　测量内容对翻译评分系统的借鉴作用

在本研究回顾的作文自动评分系统中，PEG 仅以文本表层形式特征作为测量内容，IEA 只是把文本的语义内容作为评分项目，这两个评分系统没有对机器评分体系的系统性、完整性做过多考虑。PEG 也许是由于历史条件的限制，IEA 或许认为在作文评分系统中，内容所占的比重是压倒性的，语言形式特征考虑得较少。IEA 系统使用的是 KAT（Knowledge Analysis Technologies）引擎。KAT 网页上宣称，IEA 只关注意义和内容，不关注表层特征（转引自 Yongwei Yang 2002: 395）。E-rater 和梁茂成（2005）按照模块化设计考察了语言形式、语义内容和语篇结构三个方面，语言模块主要考查作文语言形式的准确性；内容模块考查作文是否紧扣主题；结构模块考查作文的语篇要素，决定其能否成为一个独立语篇（王金铨、文秋芳 2010：80）。这三类模块涵盖了作文质量评价的重要环节，使系统评价更为全面、结构效度更好，保证了评分系统的健壮性和稳定性。翻译自动评分系统可以博采众长，采用模块化设计，模拟人工评分标准，综合考察语言形式、语义内容和语篇结构，确保评分系统的效度，同时提高信度。

3.2.3.3　测量技术对翻译评分系统的借鉴作用

上述作文评分系统采用了多学科技术提取与作文质量相关的预测因子，PEG 采用了自然语言处理技术，并使用多元回归统计分析构建评分模型；IEA 采用了信息检索技术，主要是潜在语义分析技术，考察作文的语义内容；IntelliMetric 采用了自然语言处理、机器深度学习等技术；E-rater 和梁茂成（2005）系统采用的技术比较全面，包括自然语言处理技术、信息检索技术和统计技术。翻译自动评分系统将尝试运用自然语言处理、信息检索、统计分析和语料库检索技术，尽可能多地挖掘对译文质量有预测力的文本变量，全方位构建汉译英自动评分系统。

3.2.3.4 测量变量对翻译评分系统的借鉴作用

PEG 系统所考察的表层形式特征，如平均句长、文章长度、词性数量等值得汉译英评分系统吸纳，用来考察译文的形式质量。IEA 和 E-rater 虽然都考察了语义内容，但是使用的方法不同，综合比较来看，潜在语义分析方法效果似乎更好，值得翻译评分系统尝试。据称，Google 搜索引擎也使用潜在语义方法作为算法之一（https://www.qizansea.com/8341.html）。E-rater 利用词性赋码分析词法的方法可以从语言形式上考察译文语言的地道性，值得尝试。梁茂成（2005）系统中通过语言模块考察流利度、复杂度的方法和结构模块中通过话语连接词考察语篇组织的方法值得翻译评分系统借鉴和采用。

综上所述，作文评分系统在测量方法、内容、技术、变量等多方面对翻译评分系统具有重要的启示和借鉴作用，作文自动评分系统为翻译评分系统的构建提供了良好的前期基础和技术支撑。

3.3 机器译文评价系统述评

与作文自动评分系统相比，翻译评分系统起步较晚，在王金铨（2008）中国学生汉译英自动评分系统以前，国内翻译自动评分的研究只局限于机器译文自动评价。

机器译文评价标准通常有两种：fluency（通顺）和 adequacy（恰当）以及 intelligibility（可读性）和 fidelity（忠实）。这两种评价标准比较接近，fluency 与 intelligibility 相当，adequacy 与 fidelity 类似。Snover et al.（2009: 259）一文指出，"fluency 即机器译文的通顺度，不考虑译文的忠实性；而 adequacy 指机器译文是否传达了正确的意义，不考虑译文是否通顺"。fluency（通顺）既包括了语言的流畅度，也包括语言的合乎语法性。intelligibility 与 fluency 类似，Gervais（980）把 intelligibility 定义为"每个句子的清晰度（clarity）和可理解性（comprehensibility）"（转引自 Lehrberger 1988: 210）。fidelity 指"翻译文本（translated text）在多大程度上包含了原文相同信息（same information）"（Lehrberger 1988: 208）。

根据上述两种机器翻译评价标准，翻译自动评价技术的主要实现方式为比较机器译文与人工参考译文之间的词语相似度，匹配的词语越多，则机器译文得分越高。有研究者（Brew & Thompson 1994; Rajman & Hartley 2001）提出词语匹配要注意词语的顺序，顺序匹配的词语越多，译文得分则越高，例如，in spite of 的得分应该高于 of spite in。机器译文评价方法主要有：

（1）基于错误比率的评价方法。

词汇错误率（word error rate, WER）是最早使用的机器译文评价方法（Niessen et al. 2000），也称作编辑距离法，即通过考察字母增删、替换、插入的次数来衡量译文质量的方法（Tillmann et al. 1997; Vidal 1997）。WER 的计算公式如下：

$$WER = \frac{Substitutions + Deletions + Insertions}{Reference - length}$$

Scale: 0—100%, the lower, the better

该方法将机器译文与人工参考译文进行比较，机器译文与人工参考译文越接近，字母增删、替换、插入的次数越少，则译文质量越高。该方法有一个致命缺陷，评价时只使用一篇人工译文作为参考译文。然而，在翻译实践中，一句话或一篇文章有多种译法，仅用一篇参考译文无法全面评价翻译质量。

MWER 是在 WER 基础上发展起来的评价方法，其原理与 WER 相同，区别在于 WER 只使用一篇参考译文，而 MWER 使用多篇，最终以与人工参考译文编辑距离最短的那篇作为评价依据（Niessen et al. 2000）。在某种意义上来说，这样做比 WER 要科学一些，至少考虑了语言应用的实际情况。

SER 是 Sentence Error Rate 的缩写，其评价方法是通过比对机器译文和人工参考译文之间完全相同的句子比率来评价机器译文。SER 的优点与缺陷与 WER 类似。

TER 是相对较新的机器译文评价方法（Snover et al. 2005），其原理也是基于编辑距离。与 WER 不同的是，TER 不但包括增删、替换、插入，

还增加了移动（shifts）操作，即把相邻词语的移动作为比较机器译文与
人工参考译文的操作方法之一（Grazia et al. 2005）。

（2）基于 N 元组的评价方法。

在机器翻译评价研究中，基于 N 元组的机器译文评价方法应用最
为广泛，效果也最好，主要有 BLEU（Bilingual Evaluation Understudy）、
NIST（National Institute of Standards and Technology）和 METEOR（Metric
for Evaluation of Translation with Explicit Ordering）三种评测方法。

IBM 提出的 BLEU 是 N 元组评测方法的先驱，与人工译文的相关系
数较高，其评测思想为"机器译文与人工参考译文越接近，其质量越好"
（Papineni & Roukos 2002）。BLEU 是基于准确性（precision）的评测方法，
主要通过精确匹配机器译文和多篇人工参考译文中的 1—4 元组数量来评
判机器译文质量。由于 BLEU 采用了多篇参考译文，因而没有考虑召回
率（recall）。此外，对长度过短的机器译文，BLEU 还引入了 BP（Brevity
Penalty）罚分，降低机器译文的得分。BLEU 的计算公式（Papineni &
Roukous 2002: 311-318）如下：

$$Bleu = BP * exp \left(\sum_{n=1}^{N} w_n \log P_n \right)$$

其中 BP（Brevity Penalty）为长度罚分，计算公式为：

$$BP = \begin{cases} 1 & if\ c > r \\ e^{(1-r/c)} & if\ c \leqslant r \end{cases}$$

其中 c 为被测文本的单词数, r 为参照文本的单词数。如果 c＞r 的话，
则 BP = 1，否则 BP = $\exp^{(1-r/c)}$。

Wn 为各阶匹配正确率的权重系数。

Pn 为 N 元组匹配时的分数，其计算公式为：

$$\frac{C \in \left\{ \sum_{Candidates} \right\} \sum_{n-gram \in C} Count_{dip}(n-gram)}{C \in \left\{ \sum_{Candidates} \right\} \sum_{n-gram \in C} Count\ (n-gram)}$$

公式的分子为被测文本和参照文本共现的 N 元组，分母为被测文本的 N 元组数量。通过 BLEU 公式，可以计算出被测文本和参照文本之间的相似度。

NIST 是美国国家标准与技术局 2005 年提出的基于 BLEU 的改进型机器译文评测方法。BLEU 给予译文中出现的每个 Ngram 相同的权重，NIST 则对不同 Ngram 赋予不同的权重，译文出现频率越低的 Ngram 得到的权重越高。例如"of the"与"machine translation"虽然同为二元组，但是"of the"的出现频率较高，所得到的权重要低于"machine translation"。NIST 还改进了 BLEU 中的 BP 罚分，减少译文长度对翻译质量的影响。

METEOR 是在 BLEU 基础上发展而来的评测方法，BLEU 是以 N 元组的准确率（precision）作为评价基础，而 METEOR 则强化了召回率（recall）在机器译文评分中的作用。Banerjee & Lavie（2005: 66）介绍 METEOR 不仅可以匹配词形完全相同的字符串，还增加了词形还原和近义词匹配。例如，在 BLEU 中，interest 和 interesting 是两个不同的单词，但在 METEOR 中，这两个词有相同的词干，被看做是同一个词，从而在意义上能够更充分、更精确地评价机器译文。此外，METEOR 利用 WordNet 词典匹配机器译文和人工参考译文中的近义词，提高评价的准确性和科学性。

普林斯顿大学 WordNet 项目主页上对该词网做了详细说明：WordNet 是一个覆盖范围宽广的英语词汇语义网。名词、动词、形容词和副词各自被组织成不同的认知同义词汇（cognitive synonyms）集合，每个同义词集合都代表一个与众不同的语义概念（http://wordnet.princeton.edu/）。例如，在 WordNet 词典中 wet 与 damp、moist、humid、soggy、watery 同义，在比较机器译文与人工参考译文时，运用 WordNet 词典提取出机器译文和人工参考译文中匹配的近义词，可以提高评价的准确性和多元性，有利于提高评价的信度和效度。

以上评价方法中所用的评价变量主要有 N 元组数量、编辑距离等，这些变量亦可以总结为基于人工特征的机器译文自动评价变量。除此以外，神经网络算法对机器译文自动评价带来了新的路径。深度神经网络在自然语言应用的发展中，基于静态词向量的方法和基于动态上下文词向量的方法的运动词语的分布式表示在译文自动评价中受到众多研究者应用（Mathur et al. 2019）。NMT-based QE 是一种基于神经机器翻译系统的质量评估方法。NMT-based QE 模型使用神经机器翻译系统的变种模型来作为预测器系统的基本结构，其在译文端使用双向解码器来建模以及预测译文中的每一个词（Fan et al. 2018）。

3.4　人工译文自动评分系统述评

在机器译文自动评价系统和写作自动评价系统基础上，国内已经研制出人工译文汉英自动评分系统和英汉评分系统。汉英自动评分系统是王金铨（2008）基于叙事文研制而出，系统建设经历了语料收集、人工评分、模型构建和模型验证四个阶段。英译汉评分系统是江进林、文秋芳（2012）研制，运行效果良好，能够比较准确地预测中国英语学习者英译汉成绩。

王金铨（2008）汉英自动评分系统所用语料来源为国内三所不同水平层次的大学英语专业三、四年级学生、共计 300 篇限时 60 分钟的汉英笔译材料，翻译原文为 340 字左右的叙事文。

在语料收集阶段，翻译原文是以篇章和句子形式呈现给学生，篇章便于学生整体理解原文。实际翻译时，学生按照句子的顺序逐句翻译，部分译文是以电子文本形式收集，部分为纸质译文，后来人工录入计算机，转为电子文本。

在译文评分阶段，三名评分员依据所制定的评分细则分别对学生译作的语义和形式进行认真细致的评分。王金铨（2008）的研究进行了两次评分，分别用于构建诊断性测试评分模型和选拔性测试评分模型。第一次人工评分采用全覆盖的语义、形式评分方式，对译文中所有语义点都进行了人工评分，并以语言"准确性"和"恰当性"为标准对语言形式进行了人工评分，评分结果显示评分员语义评分相关系数均值为 0.959，形式评分相关系数均值为 0.981；第二次评分只对有区分度的语义点进行评分，评分员之间相关系数均值为 0.930。第一次评分耗时较长，花费了50 小时，第二次评分耗时 10 小时，为第一次的五分之一，且评分结果良好。人工评分确定了学生译作的成绩，并为自动评分模型中的变量提取和模型构建提供了因变量。

在模型构建阶段，王金铨（2008）利用自然语言处理技术、信息检索技术和语料库分析技术从汉译英训练集中提取了 29 个与人工评分存在显著相关性的文本特征项，其中 21 个为形式特征项，8 个为语义特征项，以文本特征项为自变量，译文成绩为因变量，通过统计分析，构建了汉译英自动评分模型。

在模型验证阶段，利用模型构建阶段所得到的统计模型，计算验证集中译文的得分，并将模型预测得分与人工评分进行相关性分析，确定自动评分的信度。

王金铨（2008）统计分析结果显示，在诊断性测试评分模型中，篇章译文机器形式评分与人工形式评分之间的相关系数为 0.741**，机器语义评分与人工语义评分之间的相关系数为 0.842**。篇章译文总分（语义、形式六四比例）与人工评分（六四比例）的相关系数为 0.848**。在选拔性测试评分模型中，王金铨（2008）构建了四种比例的机器评分模型（30∶270；50∶250；100∶200；150∶150），与人工语义评分之间的相关系数分别为 0.844**、0.870**、0.878** 和 0.897**。

江进林、文秋芳（2012）研制了有效可靠的英译汉学生译文机器评分模型，实现了大规模英译汉测试的自动评分。该研究使用的语料来自《中国大学生英汉汉英口笔译语料库》（文秋芳、王金铨 2009），包括说明文、记叙文、叙议混合文等三种文体，共计 900 多篇汉语译文。该研究也进行了两次人工评分：细致型和简化型。细致型评分方式以"信、达、切"为评分标准，简化型以有区分度的语义点进行评分。在细致型评分过程中，三名评分员语义评分的相关系数均值都在 0.89 以上，在第二次评分中，三组语料两次语义评分之间的平均相关系数分别达到 0.924、0.932 和 0.963。江进林、文秋芳（2012）研究提取了 N 元组匹配数量、词对齐数量、评分点对齐数量、语义相似度等语义特征作为模型构建的自变量，研究发现，说明文和记叙文译文中 130 篇训练集所构建模型的预测分数与人工评分相关系数分别达到 0.860** 和 0.883**；叙议混合文译文中 100 篇训练集所构建模型的预测分数与人工评分相关系数达到 0.923**，系统运行效果良好，对中国二语学习者的英译汉成绩能够进行比较准确的预测。

近年来，人工智能技术不断开发升级，也推动了人工译文自动评分系统的开发。上海交通大学张利东和朱一清（2022）以交大水平考试汉译英试题为测试样本，探讨基于"深度学习"（deep learning）的译文自动评分系统的效度问题。AI 自动评分系统由上海交通大学与科大讯飞公司联合开发。该系统以人工评分结果为参考标准，并通过下图中黑盒与白盒模型中的具体算法生成自动评分模型，从而实现对学生译文形式和内容的量化考察。AI 自动评分系统具体工作机制、流程和关键原理如图 3.1 所示。

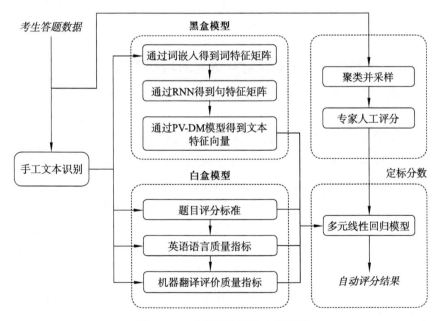

图 3.1　AI 自动评分系统内部流程

该研究主要对 AI 自动评分系统的效度开展了初步验证，共获得有效样本 3202 份。该研究数据显示，AI 自动评分模型与人工评分结果相关系数高达 0.76，但是 AI 自动评分模型对于高分译文与低分译文测量效果要稍弱于人工评分，尤其在译文内容流畅、语法准确、语义完整等方面无法与人工评分相提并论。同时，在文本的衔接与连贯性方面，受到现有语篇特征分析理论和算法技术的限制，系统的技术水平仍有待提高。此外，该研究考虑到潜在的讯号效应（Bowen et al. 2009），在数据收集阶段并未告知实验对象译文评分方式，实验对象默认为人工评分，可以一定程度上避免实验对象根据实验原理去翻译，从而影响实验的准确度。今后如何避免此种"投机取巧"的现象发生，是自动评分系统发展及应用过程中亟待解决的重点问题（Shermis 2014）。

3.5　现有译文评分系统对本研究的启示和借鉴

现有机器译文评价系统和人工译文评分系统采用的某些评测方法很值得在新汉译英评分系统中借鉴和继承。

3.5.1　机器译文评分系统对本研究的启示和借鉴

机器译文评价系统采用的主要方法有两种：基于错误比率的评价方法和基于 N 元组的评价方法。

基于错误比率的评价方法简单易行，只要计算待测译文与参考译文之间的编辑距离就可以对机器译文质量进行评价，但是此方法过于机械，无法精确测量译文间意义和形式的相似度。

基于 N 元组的评价方法通过匹配被测译文与参考译文 N 元组的数量，计算出文本间相似度，一般以 1—4 元组为测量对象。该方法可以精确测量待测译文与参考译文间 N 元组匹配的数量，具有一定的借鉴价值，但是该方法对于自然语言中普遍存在的一词多义和近义词束手无策，无法测量，因此在新汉译英评分系统中加入其他语义变量对 N 元组匹配方法进行补充和完善。

Meteor 机器译文评分系统不仅可以精确匹配字形完全相同的字符串，还增加了词形还原和近义词匹配功能，通过调用 WordNet 字典匹配待测译文和参考译文间的近义词语，为译文语义比较提供了新的思路。

3.5.2　人工译文评分系统对本研究的启示和借鉴

在测量技术方面，王金铨（2008）评分系统、江进林和文秋芳（2012）评分系统与上海交通大学自动评分系统（2022）综合使用了语料库技术、信息检索技术和自然语言处理技术、人工智能技术进行翻译自动评分系统的构建。新汉译英自动评分系统将在现有系统基础上综合运用自然语言处理、信息检索、统计分析和语料库技术，尽可能多地挖掘对译文质量有预测力的变量，构建信度更高、效度更好的汉译英自动评分系统。

在测量内容方面，人工译文英汉评分系统都采用了模块化设计，通过语义和形式两个方面对译文质量进行测量和模型构建。新汉译英自动评分系统可以博采众长，采用模块化设计，模拟人工评分标准，全面考察语言形式、语义内容和语篇结构，保证评分系统具有良好的效度和信度。

在测量方法方面，人工译文英汉评分系统都是利用训练集提取变量和构建模型。训练集的作用至关重要，是指导评分系统模拟人工评分的关键。从经过人工评分的训练集中提取与译文质量相关的文本变量，进行多元回归分析，得到回归方程，实现译文自动评分。

在测量技术方面，王金铨（2008）评分系统利用自然语言处理技术、信息检索技术和语料库分析技术从汉译英训练集中提取了 29 个与人工评分存在显著相关性的文本特征项，其中 21 个为形式特征项，8 个为语义特征项，以文本特征项为自变量，译文成绩为因变量，通过统计分析，构建了汉译英自动评分模型。江进林、文秋芳（2012）评分系统提取了 N 元组匹配数量、词对齐数量、评分点对齐数量、语义相似度等语义特征以及数十个形式特征作为译文评价的变量，实现了英译汉自动评分。这些人工译文评分系统中所使用的语义、形式等变量在新汉译英评分系统中将得到进一步应用和发展。

3.6　小结

　　本章回顾了五十多年来国内外计算机评分系统的优缺点，重点评述了英语作文评分系统、机器译文评价系统和人工译文评分系统等现有机器评分系统的预测变量，评分模块和构建方法，在测量技术、测量内容、测量方法、测量技术等方面，为中国学生汉译英自动评分系统的构建提供参考和借鉴。

第四章　翻译质量评估及其在计算机自动评分系统中的应用 [1]

4.1　引言

翻译质量评估是翻译研究中的重要论题，得到了国内外众多翻译理论家的关注和研究（House 1997; Nord 1997; Lauscher 2000; Brunette 2000; Malcolm 2004; House 2015; 杨晓荣 2005; 司显柱 2005; 张美芳 2005; Colina 2008; 何三宁 2008; 杨志红 2012; 文艺、朱宪超 2014）。Malcolm（2004: 1）指出，"翻译质量评价在人工翻译和机器翻译中都非常重要，前者可以在职业化背景下的译员培训中发挥质量监控的作用，后者则可以用来评价机器翻译系统的性能"。在计算机自动评分系统中，翻译质量评估方法和参数直接影响系统的信度和效度，构建恰当的翻译质量评估体系至关重要。

4.2　翻译质量定义

ISO9000 质量管理体系对质量的定义如下：质量是"一组固有特性满足要求的程度"。其中有两个关键词，"固有特性"和"要求"。"固有特性"指事物或产品本身固有的、永久性的特性，如杯子的固有特性是能够用来喝水，译文的固有特性是从一种语言翻译为另一种语言的产品。"要求"则包含对产品的明示要求和隐含要求。因此，质量的定义可以概括为"一组固有特性的事物或产品满足要求的程度"。国家质量监督检验

1　本章为国家社科基金项目"基于不同文体的中国学生汉译英自动评分模型的研究与构建"阶段性成果，发表于《中国翻译》，2018 年第 4 期；于 2023 年 12 月重新修订。

检疫总局 2005 年颁布的翻译国家标准《翻译服务译文质量要求》第四部分中明确指出，翻译质量就是能否满足顾客明确提出的或顾客使用要求中客观包含的需求。

《翻译服务译文质量要求》对译文质量提出了基本要求和具体要求，基本要求包括忠实原文、术语统一、行文通顺；具体要求涵盖了数字表达、专用名词、计量单位、符号、缩写词和译文编排。《翻译服务译文质量要求》还规定了译文综合差错率一般不超过 1.5‰（不足千字按千字计算）。

4.3 翻译质量评价

翻译质量评价就是运用一定的翻译评价标准对译文进行全方位的评估而产生的结果，因此，翻译质量评价和翻译标准联系非常紧密，翻译标准决定了翻译评价的理论框架、评价维度和评价方法。翻译质量评价与翻译批评关系密切，是高度客观化的翻译批评形式。杨晓荣（2005：3）认为，翻译批评即是依照一定的翻译标准，采用某种论证方法，对一部译作进行分析、评论、评价，或通过比较一部作品的不同译本，对翻译中的某种现象做出评论。House（1997: 1）认为，"翻译质量评价一定是以翻译理论为前提，不同的翻译理论对翻译质量有不同的看法，也就产生了不同的翻译评估方法"。回顾国内外翻译家提出的翻译标准有助于更全面地了解翻译评价的原则、参数和方法。

4.3.1 国内外主要翻译标准

古今中外翻译史上，众多翻译家提出了形式、内容各异的翻译标准。18 世纪末，爱丁堡大学著名翻译理论家泰特勒在《论翻译的原则》（*Essay on the Principles of Translation*）一书中提出了"翻译三原则"：（1）译作应完全复写出原作的思想（That the translation should give a complete transcript of the ideas of the original work.);（2）译作的风格和手法应和原作属于同一性质（That the style and manner of writing should be of the same character with that of the original.); 3 ）译作应和原作同样顺畅（That the translation should have all the ease of the original composition. ）

（Munday 2001: 26）。泰特勒三原则从意义、风格、通顺三个方面对译文质量提出了评判标准。第一条原则是意义标准，译文应忠实表达原文思想和意义；第二条原则是形式标准，译文的行文方式应与原文属于同一类型；第三条原则是通顺标准，译文在译入语中的顺畅程度应与原文在原语中相同。

美国翻译家奈达（1969：12）在《翻译理论与实践》一书中把翻译定义为"在译入语中复现与原语最切近的自然等值体，首先是意义，其次是文体"。奈达（1982）甚至提出"翻译即译义"（translation is translating meaning），并出版了同名著作《译义》（*Translating Meaning*），足见意义传达在翻译中的重要性。

英国翻译家 Newmark（1981）在《翻译问题探讨》一书中提出了"语义翻译"（semantic translation）和"交际翻译"（communicative translation）。语义翻译是"在目的语语义和句法结构允许的范围内，使译文准确地再现原文的上下文意义"（Newmark 1981: 39）。语义翻译以原文为中心，重在目标语言框架内忠实地再现原文意义。Newmark（1988: 46）在《翻译教程》一书中进一步提出，"语义翻译"与"忠实翻译"（faithful translation）之间唯一的区别是语义翻译更多地考虑了原文的美学价值，如为了保留原文中的声音之美而在适当的前提下进行意义上的妥协。"交际翻译"则试图使译文读者产生与原文读者尽可能相近的效果（Newmark 1981: 39）。"交际翻译"是以译文读者为中心，注重译文读者的反应，认为翻译应该传达给译文读者与原文读者相同的感受。

我国从周朝开始就有了翻译活动，当时的译者被称为"象胥"。我国翻译史经历了古代、近代和现代三个阶段，贯穿其中的有西汉至隋唐的佛经翻译、明清的自然科学翻译、近代的社会科学和文学翻译以及新中国成立以后的现代翻译阶段。基于翻译实践，我国翻译家提出了很多关于翻译评价标准的真知灼见。在从事佛经翻译的过程中，支谦提出了"文质并举"，在翻译实践中采取"因循本质、不加文饰"的翻译方法，为早期的直译理论。鸠摩罗什主张"意译"，提出翻译应有"天然西域之语趣"。佛经翻译大师玄奘提出了"既须求真，又须喻俗"的翻译标准，"求真"即忠实于原文,"喻俗"即文字通顺。在其后的明清翻译史中影响最大的人物是严复,他在《天演论》卷首的《译例言》中提出了"信、达、雅"的翻译标准:"译事三难,信、达、雅。求其信,已大难矣。顾信矣不达,虽译犹不译也,则达尚焉"。信为忠实标准,译文应该准确地表达原文的信息,不能随意增删节略。达为通顺标准,译文不必受到原文表达形式的束缚,应符合译入语习惯,通顺自然。在三个标准中,"信"是最基本的,译文首先要忠实于原文的意义,其次才是通顺,最后才能追求译文优雅(沈苏儒 1984:942-948)。国内其他学者也提出了不少翻译标准,如林语堂提出了"忠实、通顺、美"(林语堂 1984:418),傅雷提出了"神似"说(傅雷 1984:558),钱锺书提出了"化境"说(钱锺书 1984:696)等。

4.3.2 翻译质量评价方法

翻译质量评价的系统研究始于 20 世纪 70 年代,House(2015: 8-20)在 *Translation Quality Assessment: Past and Present* 一书中探讨了翻译质量评估的四种方法。(1)心理社会学方法(psycho-social approaches),主要指以主观和直觉作为翻译评价手段的心灵主义流派(mentalist views)。(2)基于反应的方法(response-based approaches),包括行为主义流派(behavioristic views)和功能主义目的论流派(functionalistic, skopos-related views)。行为主义学派以读者反应为评价标准,目的论流派以译文是否完成目标文本的目的为翻译评价标准。(3)基于语篇和话语的方法(text and discourse-oriented approaches),包括 Toury 的描述翻译学流派(descriptive translation studies),哲学、社会文化、社会政治方法(philosophical and socio-cultural, socio-political approaches)等解构主义,后现代、后殖民的翻译评价方法、语言学方法(linguistically oriented approaches)。(4)功能-语用主义流派。

国外学者 House(1977/1997)、Reiss(1971/2004)、Williams(2004)、Colina(2008, 2009)等对翻译质量评价进行了系统研究。在国内,范守义(1987),辜正坤(1989),穆雷(1991),司显柱(2004),杨晓荣(2005),侯国金 (2005a,2005b),武光军(2007),何三宁(2008),刘泽

权、张冰（2012），杨志红（2012），文艺、朱宪超（2014）等学者从多个视角对翻译质量评价进行了系统论述和实际应用，丰富了我国翻译质量评价的理论和实践。

从方法论层面来看，翻译质量评价可以分为质化评估和量化评估，质化评估是用定性的方法对翻译质量进行评价，而量化评估则是用定量的方法对翻译质量进行评价。本节将以质化评估和量化评估为分类，对国内外的翻译质量评价研究和方法进行梳理和总结。

4.3.2.1 翻译质量质化评估方法

在翻译质量质化评估方法中，影响较大的有 Julian House 的功能语用原则、Christina Reiss 的语篇类型评估原则和 Malcolm Williams 的论辩理论模式。

Julian House 的翻译质量评估模式以韩礼德系统功能语言学为基础，还融入了布拉格学派的观点、言语行为理论、语用学、话语分析和语料库分析方法（House 2001: 247）。House 认为在翻译的语言转换中，三种语言意义保持不变，即语义、语用和语篇意义，与系统功能语言学中的概念意义、人际意义和语篇意义相对应。House（2001: 247）认为，描述原文与译文间最合适的对等类型就是功能语用对等。House 翻译质量评估模式的核心概念就是原文和译文是否功能对等，因此，在译文评价时必须要看译文和原文在这三种意义上是否对等。House 的翻译质量评估模式本质上是以定性为主的主观评价，属于质化评估范畴。屠国元、王飞虹（2003）也认为 House 的翻译质量评价模式"质化"有余，"量化"不足。

Reiss《翻译批评：前景与局限》一书中在翻译批评中引入文本功能。Reiss（2004: 26）把文本分为三种：重内容文本（content-focused）、重形式文本（form-focused）和重感染文本（appeal-focused），分别实现信息（informative）、表情（expressive）和感染（operative）三种功能。由于不同的文本具有不同的功能和特点，Reiss（2004）认为译者的首要任务就是在译文中保留原文的文本功能，因此，翻译评价时应按照文本的不同类型进行对应评估。Reiss 的翻译批评理论并未提出明确系统的译文评价模式。

Malcolm Williams（2004: 3）在《翻译质量评估：论辩理论模式》一书中指出所有翻译质量评价方法的核心理念是错误分类，不同分类方法的区别有两点：（1）是否包含了量化评估；（2）是标准参照（standard-referenced）模式还是准则参照（criterion-referenced）模式。标准参照模式是指译文质量必须达到所规定的标准，准则参照模式指译文必须完成特定目标。

Williams（2004: 23）指出他的翻译质量评估模式来源于 Stephen Toulmin 的论辩结构分析理论和 Perelman 的新修辞学理论。Williams 提出文本的论辩图式（argument schema）应是翻译质量评估的最佳准则，翻译质量取决于译文是否准确地识别并传达了原文的论辩图式（Williams 2004: 70）。

Williams（2004: 144-147）提出了翻译质量的四套标准：最佳 / 出版标准（Maximum/Publication Standard）、信息标准（Information Standard）、最低标准（Minimum Standard）、次标准（Substandard）。最佳 / 出版标准即译文传译了所有论辩图式的成分，达成了所有目的语参数和其他所选择的核心和实地 / 具体使用参数，没有严重错误（critical defects）和大错（major defects）。信息标准即译文传译了所有论辩图式的成分，达成所选择的核心参数和实地 / 具体使用参数的要求，无严重错误（critical defects）。最低标准即译文准确体现了所有论辩图式的成分，无严重错误（critical defects）。次标准即译文未能体现论辩图式（至少有一个严重错误），并且 / 或未能达到一个或多个核心参数或实地 / 具体使用参数的要求。

Williams 的论辩图式理论从全新的视角来审视翻译质量评估，既关注整体质量评估，也重视微观质量评估，并对翻译质量标准进行了分类，有较强的实践应用价值，但是该模式对翻译质量评估参数的赋值存在较大的主观性和不确定性，缺乏选择参数类型的标准和赋值的标准。

Williams 的翻译质量评估模型考虑了定量方法在翻译质量评估中的运用，如提出了错误的三种不同类型：严重错误（critical defect）、大错（major defect）和小错（minor defect），并对这三种错误进行了界定。他还提出了翻译质量的四种标准，是定性方法和定量方法相结合的评估方法，但是 Williams 的翻译质量评估模型缺少可操作的量化标准。

我国学者对翻译质量评估也做出了大量研究，但是大部分研究停留在引介国外翻译质量评估的理论和方法上。张美芳（2001）以韩礼德的系统功能语法为基础，尝试从语篇分析的角度，在体裁和语域变体两方面对翻译中的一些现象以及对"对等"与"非对等"的问题进行分析。司显柱（2005）介绍了 House 的翻译质量评估模式，对该模式进行了分析阐释，并指出 House 模式参数设置不够合理，运行步骤有待优化。何三宁（2012）围绕"语言""实体"和"思维"三个方面对翻译质量评估参数进行了讨论，对译文评价中具体、客观的参数进行了探索。杨志红（2012）考察了国内外有代表性的翻译水平测试以及翻译教学测评中的译文评估做法，尝试对当前翻译质量评估模式的分类、量化评估的特点和操作方法进行比较全面的分析梳理。

对于翻译自动评分系统而言，明确无误的量化评分细则更为重要，理想的译文评价模式是在翻译理论指导下形成系统的量化评分细则，对译作进行全方位的评估。

4.3.2.2　翻译质量量化评估方法

翻译质量量化评估方法通过把翻译标准量化，使抽象的翻译评判标准变得可操作，从而为翻译质量评估提供量化的手段和依据。本节将综合国内外翻译评价量化方法，并进行分析和讨论，为翻译自动评分系统提供可资借鉴的翻译质量评价方案。

加拿大翻译局制定的翻译质量评估方法 Canadian Language Quality Measurement System（SICAL）比较知名。SICAL 的评分标准对译文中的错误进行量化，把错误分为翻译错误（translation/transfer errors）和语言错误（language errors）、大错和小错（major and minor errors）。以 400 字文章为例：A——优秀（superior）（0 个大错 / 最多 6 个小错）；B——完

全可以接受（fully acceptable）（0 个大错 /12 个小错）；C——需要修改（revisable）（1 个大错 /18 个小错）；D——不能接受（unacceptable）（转引自 Malcolm 2004: 3）。在该标准中，大错的定义如下（转引自 Malcolm 2004: 4）：

翻译大错：完全没有能够表达出原文中含有重要信息的词和句的意思；误译导致译文意义与原文完全相反或背离。

语言大错：语言无法理解，错误严重或在重要信息上存在低级错误。该评分标准从意义和语言形式两个方面对翻译质量进行评估，具有较强的可操作性。

加拿大安大略政府翻译服务（GTS）在 SICAL 基础之上修订完成了自己的翻译评价标准。该标准与 SICAL 的区别有三点：（1）评判者需要通读整个译文以确定潜在的问题。（2）评判者必须找出错误并对翻译质量、语言质量和文本风格做出独立的不依赖上下文的整体评价，以判断译文的可用性。例如，一篇 400 字的译文有 5 个小错或 1 个大错将被视为不经修改无法使用。（3）评判者还要对译文是否按期完成，译文的排版情况进行评价。（转引自 Malcolm 2004: 6）

2000 年，美国汽车工程师协会为汽车保养维修机构制定了一个译文质量评估标准，旨在提供"标准化的分数"（standardized grade）。该标准只是用来评估技术材料翻译质量，所以未考虑风格错误。按照该标准，错误分为七类：术语错误、句法错误、漏译、单词，结构一致、拼写错误和其他错误（转引自 Malcolm 2004: 8）。错误按照分类和严重性具有不同的权重。例如，按照错误分类，术语错误权重为 5，标点错误权重为 2。按照错误严重性，大错权重为 2，小错为 1。最后将错误权重值相加除以该译文的字数就得到译文的"标准化分数"（转引自 Malcolm 2004: 8）。美国汽车工程师协会的译文评价标准运用错误量化的方法对译文进行评价，以语言形式错误为主，涉及语义内容的仅有术语错误，对语义质量关注较少。

我国 2005 年发布了《翻译服务译文质量要求》（GB/T-19682-2005），译文错误被分为 4 个差错类别：

第 1 类：对原文理解和译文表述存在核心语义差错或关键词（数字）、句段漏译、错译。

第 2 类：一般语义差错，非关键字词（数字）、句段漏译、错译、译文表述存在用词、语法错误或表达含混。

第 3 类：专业术语不准确，不统一、不符合标准或惯例，或专有名词错译。

第 4 类：计量单位、符号、缩略语等未按规（约）定译法。

在该标准下，译文错误计算采取综合差错率计算。不同的语言服务提供商根据上述分类和综合差错计算率公式，制定各自的错误率上限，一般不超过 1.5‰。

我国专业英语八级考试（TEM8）中有汉译英和英译汉的短文翻译题型，评分时按照"忠实 60%+ 通顺 40%"的标准整体打分，具体评分标准如下：

表 4.1　专业英语八级考试（TEM8）英译汉评分标准

（ http://edu.21cn.com/tem/f_279_339253-1.htm ）

	优秀 （100—90）	良好 （89—90）	中等 （79—70）	及格 （69—60）	不及格 （59分以下）
忠实 60%	原文的信息全部传达，语气和文体风格与原文一致	除个别次要信息有疏漏之外，原文的重要信息全部传达，语气和文体风格与原文一致	有少量理解错误或个别漏译，但主要精神与原文一致	有个别重大错误或遗漏，部分信息含混，但总体上基本达意	误译、漏译较多，不能传达原文主要精神
通顺 40%	断句恰当，句式正确。选词妥帖。段落之间、句子之间呼应自然，有一定文采	选词较正确、得体。句子组织与安排符合汉语规范	拘泥于英文的句式，行文不够顺达，但没有重大的选词和句式错误	语句不够连贯，行文灰色，有个别重大的选词和句式错误	用词不当，行文不通顺，语言不符合汉语规范

表 4.2 专业英语八级考试（TEM8）汉译英评分标准

（http://edu.21cn.com/tem/f_279_339253-2.htm）

	优秀（100—90）	良好（89—90）	中等（79—70）	及格（69—60）	不及格（59分以下）
忠实60%	原文的信息全部传达，语气和文体风格与原文一致	除个别次要信息有疏漏之外，原文的重要信息全部传达，语气和文体风格与原文一致	有少量理解错误或个别漏译，但主要精神与原文一致	有个别重大错误或遗漏，部分信息含混，但总体上基本达意	误译、漏译较多，不能传达原文主要精神
通顺40%	句式处理恰当，选词妥帖，英语比较地道	语言基本合乎英语规范。行文比较流畅	有个别句子结构错误和词不达意现象。行文不够流畅	有逐字硬译、不符合英语表达习惯的现象。句子不连贯，比较费解	有大量的语法和用词错误。1/3以上的句子生搬硬套，不知所云

该标准从语言意义和形式两个方面对译文的忠实和通顺进行评分，对本研究评分标准的分类制定有一定借鉴意义，但是该评分标准属于整体评分，与分析性评分相比稍显宽泛，不太适合机器学习。

我国现行《高等学校英语专业英语教学大纲》（以下简称《大纲》）中对翻译的四、八级水平做出了具体明确的要求：

四级要求为"初步了解翻译基础理论和英、汉两种语言的异同，并掌握常用的翻译技巧，能将中等难度的英语篇章或段落译成汉语。译文忠实原文，语言通顺，速度为每小时250—300个英文单词；能将中等难度的汉语篇章或段落译成英语，速度和译文要求与英译汉相同。能担任外宾日常生活的口译"。

八级要求为"能运用翻译的理论和技巧，将英美报刊上的文章以及文学原著译成汉语，或将我国报刊上的文章和一般文学作品译成英语，速度为每小时250—300个英文单词。译文要求忠实原意，语言流畅。能担任一般外事活动的口译"。

从大纲对英语专业学生四级和八级翻译要求来看，译文忠实、语言通顺是共同的要求，即"信"和"达"。王克非（1997：12）指出，"翻译中对原作要力求忠实于内容，兼顾其形式，顺畅地表达。"吕瑞昌等（1983）编著的《汉英翻译教程》一书直接提出以"信""顺"来概括汉英翻译标准，文中明确提出"所谓'信'，是指忠实于原文的内容，即把原文完整而准确地表达于译文中，对原文内容尽可能不增不减。所谓'顺'，是指用词正确得体，行文流畅通顺，符合英语习惯，避免逐字死译，生搬硬套，使不懂汉语的英语读者也能看懂"（吕瑞昌等1983：2）。

综合上述关于翻译标准和翻译质量评价方法的讨论，国内外翻译标准主要围绕"忠实"和"通顺"这两个方面把握译文质量，"忠实"即原文意义的准确传达，"通顺"即译文语言顺畅自然。翻译标准中提出的"雅""神似""化境"等要求固然也是好译文追求的目标，但是对于本研究中中国英语学习者的限时译文来说似乎要求有点过高。翻译质量评价标准中的"目的论""读者反应论""功能-语用"等理论很难在计算机翻译自动评分系统中量化应用。

因此，本研究将从"信"和"达"两个方面评估中国英语学习者的译文质量，"信"即忠实于原文，主要通过对译文与原文的语义相似度去衡量；"达"主要从语言形式准确度、流畅度去考察。

4.4　翻译质量评估标准在计算机自动评分系统中的应用 [1]

Papineni & Roukos（2002：311）指出机器翻译自动评分系统需要两个要素：（1）量化的译文相似度标准；（2）高质量的人工参考译文。基于对国内外翻译质量评价标准的综合考察，本研究将从"信"和"达"两个标准对中国英语学习者的汉译英进行计算机自动评分，如何量化"信"和"达"是本研究要解决的一个问题。其次，高质量的人工参考译文是

1　本章为国家社科基金项目"基于不同文体的中国学生汉译英自动评分模型的研究与构建"阶段性成果，部分发表于《上海翻译》2023年第6期；于2023年12月重新修订。

模型构建的关键因素和机器学习的必要条件。高质量参考译文依赖于高质量的人工评分，包括评分标准的制定，评分员的选取、培训和实际评分工作，这部分内容将在第四章详述。本节将从译文中"信"的量化评估方法和"达"的量化评估方法论述翻译质量评价标准在计算机自动评分系统中的应用。

4.4.1　译文中"信"的量化评估方法

在译文评价标准中，"信"即忠实于原文，在意义上与原文保持一致，不走样。在第二章翻译自动评价系统回顾中提及的 WER、SER、TER 等评测方法是用错误比率即文本间的编辑距离来评判待测译文与参考译文之间的差距。这种方法简单直接，利用语言表层特征的加减增删来评测译文质量，但是过于肤浅，评测只停留在语言表层形式特征，对语义质量评判不足。本研究不采用该评测方法。

1. N 元组匹配方法。BLEU、NIST、METEOR 等系统通过匹配 N元组来评测机器译文的优劣。Papineni & Roukos（2002: 313）指出被测译文与参考译文中相同的一元组（unigram）可以用来测量忠实度（adequacy），一元组以上的 N 元组可以用来测量流利度（fluency）。Papineni & Roukos（2002: 313）的研究发现 N 元组方法能够区分好译文（good translation）和差译文（bad translation），而且随着 N 元组（1—4 元组）数目的增大，区分性越好，即二元组的区分度好于一元组，三元组的区分度好于二元组，依此类推。但是 N 元组大于四元组时，效果不好，因为可匹配的 N 元组数量明显减少。待测译文和参考译文之间 N 元组的匹配率主要考察的是语义内容，兼顾语言形式，匹配率越高表明译文间语义相似度越高。N 元组是考察译文语义内容比较成熟的手段之一。

本研究采用王金铨（2008: 23）中的 N 元组评测方法对译文的语义内容进行测量：（1）形成最佳译文集合。最佳译文包括专家译文和学生佳译，专家译文是由翻译专家和英语专业博士提供的译文；学生佳译是以人工语义评分排名选出的前二十名译文，然后进行对译文进行尽可能保持原样的修改，主要是形式错误的修正。专家译文和学生佳译都需要经过不同专家的再次审阅，最后形成最佳译文集合。（2）以最佳译文集合为基准，从中提取频率大于 2 次（包括 2 次）的 N 元组作为对其他同题译文进行评判的依据。（3）由于译文长短不一，长译文包含的字数多，因而潜在的 N 元组匹配率要高。本研究还增加了 N 元组数量百分比，采用的数据是经过标准化的 N 元组数量，即以 N 元组数量除以译文形符数。

2. 潜在语义分析方法。潜在语义分析（Latent Semantic Analysis, LSA）是利用数据统计和矩阵分析方法，通过计算词项在同类文本中的相对频率来测量文本间的语义相似度。Deerwester et al.（1990: 391）指出，"在文本的底层存在着某种潜在语义结构，词汇选择的随机性模糊了这个结构。潜在语义分析就是使用统计的方法去除文本中的'噪声'，估计潜在的语义结构"。潜在语义分析在信息检索领域使用广泛（Dumais et al. 1988; Foltz & Dumais 1992; Berry et al. 1995; Bassu & Behrens 2003），在自动评分领域，Landauer et al.（2003），梁茂成（2005），王金铨（2008），江进林、文秋芳（20012）都曾利用潜在语义分析方法计算文本间的语义相似度。梁茂成（2005）在中国英语学习者作文评测中运用修正后的 SVD 计算方法得出潜在语义分析结果与人工评分之间的相关系数达到了 0.600（p＜0.01），表明该方法在评价文本语义相似度方面表现优异。王金铨等（2007）运用潜在语义分析方法计算句子间的语义相似度、形式相似度。计算结果与人工评分的相关系数达到 0.928 和 0.925，充分说明了该算法在计算文本相似度方面表现优异。本研究将采用潜在语义分析的方法计算译文间相似度，翻译文本不同于作文，作文语义内容间差别较大，而译文受到原文的限制，语义内容、词汇选择都比较相近，很适合运用潜在语义分析方法测量。

3. 语义点。本研究借鉴了八级口译量化评分方法（文秋芳等 2005），采用语义点方法提高系统评分信度。语义点是参照了人工语义评分标准制定出来的。王金铨（2008）的研究对叙事文进行了汉译英自动评分模型建构。由于是初建模型，为了探索复杂语义点模式与有区分度语义点模式的评分性能，构建时，语义点分为两类，第一类为诊断性测试评分系统中所用的语义点，囊括了译文中所有重要的语义点；第二类为选拔性测试评分系统中使用的语义点，只包含对译文质量有区分度的语义点。王金铨（2008：137）的研究结果显示，有区分度语义点构建的评分模型信度效度良好，且高效稳定，"首先从评分过程来看，诊断性测试评分标准中共包含 20 个语义单位、49 个基本语义点，整个评分过程耗时约50 小时，选拔性测试评分只使用了 17 个有区分度的语义点，耗时约 10小时，评分过程仅为前者的五分之一，大大节约了时间和人力；其次从评分效果来看，第二次语义评分与第一次语义评分虽然时隔 1 年多，但是两者之间的相关系数达到了 0.906**，充分表明了以有区分度的语义点作为评分依据的可行性；最后从模型统计数据来看，选拔性测试评分模型的各项数据与人工评分一致性较高，完全能够胜任大规模测试汉译英评分工作的要求"。

在王金铨（2008）的研究基础之上，本研究增加了说明文和议论文两种文体的汉译英评分模型的构建。为提高评分效率，这两种文体所使用的语义点均为有区分度的语义点，详见附录二和附录三。

所有语义点作为外挂字典来指导机器进行评分，检索前需要对译文进行词形还原，尽可能模拟人工评分过程。语义点实现了机器有指导的学习，能够提高机器评分系统的性能和稳定性。

4.4.2 译文中"达"的量化评测方法

"达"指译文通达顺畅，符合译入语的语法及用语习惯。本研究是汉译英文本，译入语应该符合英语的语法和用语习惯。"达"属于语言形式层面的特征，在以往的自动评分系统中有一些考察形式特征的文本变量值得本研究借鉴，例如，译文形符、类符数、词汇复杂度、篇章流利度等。本研究拟从字词、句子、篇章三个层次对译文形式特征进行测评。

4.4.2.1 与字词相关的形式特征

与字词相关的形式特征主要包括：（1）流利度特征；（2）词汇多样性特征；（3）词频广度特征；（4）词汇难度特征；（5）标准化的词性分布。

（1）流利度特征。流利度反映了作者语言使用的熟练程度。Wolfe-Quintero et al.（1998）认为流利度是指在规定时间内写出或说出的字符数，因而在作文自动评分系统中一般使用文章长度（即形符数）来代表流利度。Bachman & Palmer（1999）、Baker（2001）也将文章长度划归到流利度（Fluency）范畴。PEG（Page 1968）、E-rater（Chodorow & Burstein 2004; Attali 2007）、梁茂成（2005）都使用了文章长度来衡量作文质量，结果显示文章长度与人工评分之间有显著的正相关关系。

　　然而，译文长度与作文长度有所不同，作文可长可短，而译文受到原文限制，长度在一定阈值内变动。如果译文篇幅过短或过长，有可能会出现漏译或者增译的情况。本研究沿用王金铨（2008）研究所使用的文章长度指标，即以最佳译文合集中的译文长度均值作为基准，计算其他译文与该均值的差值绝对值。这个绝对值实际上就形成了一个译文长度的范围，越接近最佳译文均值得分越高，绝对值相差越大表明译文质量偏离越大。修正后的流利度指标应该更能够反映译文与作文的区别，更符合译文质量评价的需要。

　　（2）词汇多样性特征。词汇多样性指"在规定的时间内使用不同词形数与词符数的比率"（文秋芳 2006）。类符数和形符类符比（TTR）是考察词汇多样性特征的指标。类符指文本中所使用的不同词形的单词个数，形符类符比是形符和类符之间的比率。Baker（2001: 51）认为"形符类符比提供了词汇多样性的信息"，形符类符比越高则词汇越多样（Baker 1995; Munday 1998）。译者词汇多样性程度越高说明可供选择的余地越大，译文质量可能会越好。本研究使用的形符、类符和 TTR 值都是与最佳译文集合均值的差值绝对值，反映了译文文本与最佳译文的距离，越接近最佳均值则译文质量越好，反之则差。

　　（3）词频广度特征。"词频广度指口笔语中不同词频等级词形的分布特征"（文秋芳 2006：190）。不同等级词汇的使用数量反映了学习者不同的词汇水平，一般来说，高级别词汇越多，表明该学习者词汇越丰富，译文语言表达水平可能也越高。Nation & Coxhead 主持开发的 Range 是一款比较实用的词频分析软件，该软件包含三个词表，一级词表是英语中最常用的 1000 词族，二级词表是第二个最常用的 1000 词族，三级词表是学术词汇，包含 570 个英语词族。Range 四级词汇为 off the list 词汇，即未在前三级词汇表中出现的词汇，有可能是高级词汇，也有可能是拼写错误的词汇。梁茂成（2005）的作文自动评分系统中使用了 VFP 词频统计软件计算作文中出现的三个级别词表的词频，考察不同等级词汇出现的频率与作文成绩之间的关系，结果显示三级词汇与作文成绩之间的成绩相关最高，达到 0.487（p＜0.01）。王金铨（2008）研究发现二、三级词汇的区分度最好。按照逻辑推理，如果文本中一级词汇占绝对优势，表明译者词汇量有限，表达方式不够丰富，译文未必能得高分。不过也有这样的可能性，在叙事文中一级词汇与译文质量无相关关系，但在说明文和议论文中，一级词汇与译文质量的相关性也许会超过在叙事文中的表现。因而本研究通过 Range 软件提取中国英语学习者汉译英文本中所有一、二、三级词汇的形符类符数及其比率作为词频广度的量化指标。

（4）词汇难度特征。词汇难度可以通过平均词长和词长标准差这两个变量来测量。平均词长指文本中所有单词长度的均值，词长标准差指每个单词与所有单词长均值之间的差值。Noel & Patrik（1989: 155）指出"平均词长是衡量学生语言水平的可靠指标，平均词长低的文章不可能得到高分"。在翻译中，词长能够反映译者使用单词的复杂度，从而可以间接反映译者的语言水平。Burstein et al.（2004）和 Page（1968）研制的 E-rater 和 PEG 都把平均词长作为衡量词汇难度的一个特征。Page（1968）、Slotnick（1972）、梁茂成（2005）等研究发现发现词长标准差与作文成绩之间存在显著性的相关关系。王金铨（2008）指出，词长标准差数值能够说明文中长词和短词的数量关系，一篇好的译文应该既包括一部分长词，也包括一部分短词，做到长词、短词数量相当，因而词长标准差通过长词、短词的比率能够反映译者运用词汇的能力，也能够间接反映出译文质量的优劣。

（5）标准化的词性分布。词性分布数据可以通过词性赋码软件对文本进行标注后得到。PEG 使用了介词、人称代词等；E-rater 使用了名词、动词、形容词、副词、介词短语（Valenti et al. 2003）；梁茂成（2005）使用了动名词、限定词、定冠词、连词等词性标记。在翻译中，由于原文的存在，译文中的词性分布一定会反映原文的形式特征，与原文保持一定的联系，符合原文词性分布规律的译文可能质量要好于其他译文。本研究在使用词性数量作为预测变量时，考虑了译文长度，对词性数量进行了标准化处理，即计算各词性在文本中的百分比。本研究将把英语中的重要词性都包括进来，分别研究它们与译文成绩之间的关系。

4.4.2.2　与句子相关的形式特征

本研究使用的与句子相关的形式特征包括：句子平均长度、句子数、句子长度标准差。句子平均长度指每个句子包含的单词数量；句子数为译文篇章所包含的句子数目；句子长度标准差是指每个句子与句子平均长度之间的平均差值，表明文中使用的长句和短句的状况。Page（1968）、梁茂成（2005）的评分系统中都证明了句子平均长度与作文成绩有显著的相关关系。ETS 美国考试服务中心研制的 Critique 写作分析工具中就把句子数目作为一个变量考察作文的质量。但在翻译中，句子越长或者句子数目越多不一定表明译文水平越高，因为译文受到原文的限制，句子长度和句子数目会在一定范围内波动，不会相去甚远。本研究中使用的句子平均长度、句子数和句子长度标准差指标都引入了最佳译文中该类数值的均值，考察其他译文与该最佳均值的差距，使得该数值能够更好地反映译文的质量。

4.4.2.3　与篇章相关的形式特征

本研究所使用的与篇章相关的形式特征为连接词语，代词密度，括相邻句间的词元重叠、论元重叠、同义名词重叠、同义动词重叠、Word2vec 相似度、LSA 余弦相似度，相邻段间的词元重叠、论元重叠、同义名词重叠、同义动词重叠、Word2vec 相似度、LSA 余弦相似度，考察译文的衔接和连贯。

"翻译的最终产品是衔接的语篇。译文的连贯与语篇衔接是分不开的，因为译文是由相互衔接的译入语组成的，与同样衔接的原文遥相呼应"（Neubert 1985: 94）。PEG、E-rater 和梁茂成（2005）都把表示语篇衔接的连接词作为考察写作质量的一个变量，结果表明连接词与作文质量之间存在显著的相关关系。衔接是 Halliday 在 1962 年首次提出的概念，Halliday & Hasan（1976: 4）合著的《英语中的衔接》（*Cohesion in*

English）一书指出"衔接是一种语义概念，指的是存在于语篇中，并使语篇得以存在的语言成分之间的语义关系"。衔接的手段包括：指称（Reference）、替代（Substitution）、省略（Ellipses）、连接词语（Conjunction）、词汇衔接（Lexical Cohesion）等。连接词语是文本衔接的重要手段，也是语篇连贯的坚实基础。本研究综合了 Halliday & Hasan（1976）和其他文献所提供的连接词语，既包含宏观语篇层次的连接词语，也包括局部句内层次的连接词语。连接词语列表以外挂词典的形式，通过程序自动计算译文中匹配的连接词语数量作为译文篇章质量的预测变量。

Neubert（1992: 99）提出"连贯应该成为好译文的一个标准"。连贯性使得篇章在意义上具有连续性（梁茂成 2006）。以往研究中，连贯性可分为三个层面：局部连贯、整体连贯和篇章连贯（Crossley 2016）。局部连贯为句子层面的连贯性（Crossley & McNamara 2011），整体连贯为段落间的连贯性（Foltz 2007），以上两个层面主要从不同维度考察语言片段间的语义重叠、连贯关系等，篇章连贯则不局限于句子和段落，考察整个语篇的连贯性（Crossley et al. 2011）。

针对语篇连贯性，本研究利用文本连贯性自动分析工具 TAACO（Tools for the Automatic Analysis of Text Cohesion），从以上三个维度对语篇连贯性进行测量。TAACO 2.0.4（Crossley 2016）共包含 194 个变量，变量纷繁复杂。本研究以部寒和王立非（2021）的研究为基础，并结合研究实际需求，共筛选出 13 个变量。其中局部连贯性包含括相邻句间的词元重叠、论元重叠、同义名词重叠、同义动词重叠、word2vec 相似度、LSA 余弦相似度等 6 个变量；整体连贯性包含相邻段间的词元重叠、论元重叠、同义名词重叠、同义动词重叠、word2vec 相似度、LSA 余弦相似度等 6 个变量；篇章连贯性包含 1 个变量，即代词密度。

4.5　小结

本章回顾了翻译质量评估标准的量化方法及特征提取方法，综合了翻译自动评价系统和作文自动评分系统中对"语义内容"和"语言形式"

质量进行评价的手段和方法，并提出了一些新的量化评测方法。本研究拟提取的文本特征[1]总结如下：

表 4.3　文本特征小结

语言形式特征	与字词相关的形式特征	流利度	形符
		词汇多样性	类符
			形符类符比
		词频广度	一级、二级、三级词汇形符类符数量及百分比
		词汇难度	平均词长
			词长标准差
		词性分布	名词、动词、形容词、指示词、情态动词、介词、人称代词等数量及百分比
	与句子相关的形式特征	句子复杂度	平均句长
			句子数
			句子长度标准差
	与篇章相关的形式特征	语篇衔接	连接词语
		语篇连贯	代词密度
			相邻句间的词元重叠
			相邻句间的论元重叠
			相邻句间的同义名词重叠
			相邻句间的同义动词重叠
			相邻句间的 word2vec 相似度
			相邻句间的 LSA 余弦相似度
			相邻段间的词元重叠
			相邻段间的论元重叠

（待续）

1　形符、类符、形符类符比、平均词长、词长标准差、平均句长、句子数的数值都是以最佳译文的均值为基准计算得出的差值绝对值。

（续表）

语言形式特征	与篇章相关的形式特征	语篇连贯	相邻段间的同义名词重叠
			相邻段间的同义动词重叠
			相邻段间的 Word2vec 相似度
			相邻段间的 LSA 余弦相似度
语义内容特征	N 元组数量及百分比		
	潜在语义分析 SVD 值		
	语义点		

如表4.3所示，译文文本特征包括语言形式特征和语义内容特征两类，各有三项内容。语言形式特征按照语言单位又可以进一步分为与字词相关的形式特征、与句子相关的形式特征以及与篇章相关的形式特征。与字词相关的形式特征涵盖了流利度、词汇多样性、词频广度、词汇难度、词性分布等五个方面，对译文中的词汇做了比较全面的考察。与句子相关的形式特征包括平均句长、句子数、句子长度标准差等三个方面，深入考察了句子相关的形式特征与译文质量之间的关系。与篇章相关的形式特征为连接词语、代词密度、内容词重叠、语义相似等方面，考察语篇的衔接和连贯。衔接和连贯关系紧密，相辅相成。语篇衔接通过连接词语考察译文的起承转合和语篇形式质量之间的相关关系。语篇连贯从局部连贯、整体连贯和篇章连贯三个维度对译文进行测量。

语义内容特征包含两类：一类是通过外挂字典对译文进行匹配的方法完成，如 N 元组数量和语义点数量，这种方法实用高效，但是对近义词问题解决不好；另一类则是通过潜在语义分析方法对译文进行降维处理，获得潜在语义信息，考察译文语义质量。通过这两种方法的结合可以解决自然语言中普遍存在的多词同义和一词多义问题，有效提高翻译自动评分系统中语义模块的性能。

本研究通过文本工具提取上述语言形式和语义内容量化特征之后，首先考察它们与译文形式或语义成绩之间的相关关系，如果呈现相关关系，则利用多元回归分析构建能够预测译文成绩的多元回归方程。

第五章　语料与人工评分

本章介绍本研究所使用的语料和人工评分。5.1 描述本研究所使用的叙事文、说明文和议论文语料及其翻译要求；5.2 介绍本研究所采用的形式和语义人工评分标准；5.3 介绍不同文体译文的人工评分过程；5.4 介绍人工评分信度；5.5 介绍最佳译文集合生成的原则和过程。

5.1　语料

本研究收集的语料包括三种文体：叙事文、说明文和议论文。叙事文共有 408 篇，最后实际使用的是 300 篇限时汉英笔译文本，说明文 336 篇，议论文 257 篇，均为限时汉英笔译文本。本研究使用的语料来自国内 11 个省市自治区，18 所不同水平层次大学英语专业三、四年级的汉译英语料，涵盖了 985、211、地方综合性大学、外语院校、理工院校、师范院校等多层次多类型的高校，兼顾了不同院校和不同水平，目的是为了确保后期研究中所构建的统计模型具有较大的推广性。为了实现对篇章译文和单句译文评分的需要，收集前按照句意把整个语篇分为若干个汉译英句子。收集时，翻译测试卷上既有汉译英整体篇章，便于受试者整体把握翻译材料，也有单句，便于学生书写翻译，也利于以后的语料整理。

5.1.1　叙事文语料

在本研究中，叙事文自动评分系统是首先建立的评分模型，具有试验性质，是以篇章译文作为语料构建的评分模型。叙事文语料包含 300 篇译作，共计 68179 个形符，经过人工评分后被随机分为训练集和验证集，训练集用来创建不同文体篇章译文机器形式、语义评分回归模型，而验证集则用来验证训练集得到的评分回归模型的预测力和可靠性。王金铨（2008）研究创建了叙事文诊断性测试评分模型和选拔性测试评分模型，诊断性测试评分模型的训练集和验证集比例为 150 篇：150 篇，进行了一次随机分组；选拔性测试评分模型构建了训练集验证集 4 种比例的评分模型，分别为 30：270、50：150、100：200、150：150，进行了一次随机分组。共计建模五次，数据显示 100 篇训练集和 150 篇训练集构建的评分模型表现都很好。从提高人工评分效率考虑，以 100 篇训练集构建的评分模型较为符合评分模型的需要。本研究在王金铨（2008）研究基础之上，以 100 篇训练集为基点，每十篇一个台阶，直至训练集达到译文总篇章二分之一，共计构建了叙事文六种比例评分模型，训练集验证集比例分别为 100：200、110：190、120：180、130：170、140：160、150：150，每个比例随机了五次，共构建了 60 个形式、语义自动评分模型。建模数量是王金铨（2008）研究的 12 倍，在更大数据规模、更多训练集比例和每个比例更多随机分组次数的基础上验证预测变量和评分模型的稳定性和有效性。

　　本研究使用的叙事文是秦书童发表于《扬子晚报》副刊上的一篇短文《家信》（转引自居祖纯 2002：22-23），全文 527 个汉字，约 345 个汉字，测试时间为 60 分钟。叙事文原文和翻译要求如下：

表 5.1　叙事文原文和翻译要求

请将文中划线部分翻译成英文（时间：60 分钟）。

　　大学时代，情书可以少写或不写，家信是少不了的。

　　刚进大学时，陌生的环境，陌生的人群，甚至连宿舍楼下的磁卡电话也是陌生的。于是，隔三差五一封又一封的家信带着深深的眷恋飞向父母手中。识字不多的父亲读着洋溢着南国气息的来信，觉得最惬意不过了；小学毕业的母亲竟也听得津津有味……尽管她始终搞不懂"克隆"技术究竟是怎么回事。

（待续）

（续表）

　　（1）入学后的新鲜感消失后，信也渐渐少了，不会再把饭盒磕掉一块瓷之类的事告诉父母了。（2）不过，写家信的一个最大好处是：它让我忽然觉悟到父母深藏不露的幽默。（3）父母的回信上，除了老生常谈的好好学习、遵守纪律外，还有一些令大学教授都为之皱眉的离奇的事。（4）例如，最近一封来信，正值联合国秘书长安南为解决伊拉克武器核查危机前往巴格达而进行外交斡旋。（5）父亲在信中说，报上那个隐形战斗机分明可以看到，干嘛说它"隐形"呢？对于这类问题，我总是写信耐心地解释给他们听。（6）回答不了的，查资料，问老师，以满足这两位"编外大学生"的求知欲望。（7）去年寒假回家，母亲竟然背诵出"信息高速公路"的定义来……当然，有几处是父亲提醒的。

　　（8）父母同样需要新鲜知识，需要倾心交流，需要关爱和理解，家信是再好不过了。

　　（9）拿起笔来，写封家信吧，偶尔撒个娇也无妨。

　　翻译结束，所有纸质版语料被转写成电子版，转写时保留了学生译文原貌，经过二次检查后转换为txt格式文档备用。

5.1.2　说明文语料

　　本研究中所使用的说明文语料为杨晓荣（2008：96）编著的《汉英翻译基础教程》中有关有关南京化学厂的简介。说明文语料包含336篇译文，共计60909个形符，经过人工评分后被随机分为训练集和验证集。说明文翻译材料约301字，完成时间为60分钟。翻译原文如下：

表5.2　说明文原文和翻译要求

请将文中划线部分翻译成英文（时间：60分钟）。

　　南京化学厂具有近四十年的建厂史，是轻工业部定点生产牙膏

（待续）

（续表）

> 的中型企业，现为省级先进企业。
>
> 　　全厂现有职工 600 名，其中工程技术人员七十余名，具有丰富的专业技术知识，检测设备先进，手段齐全。该厂在全国率先引进具有 80 年代国际先进水平的瑞士 VME-700 型制牙膏机及德国 IWKA 公司灌装包装设备，具有年产牙膏 8000 万支以上的生产能力。
>
> 　　该厂牙膏产品有三大系列，14 个品种规格，名优产品芒果，几十年来畅销不衰，并出口到东欧、中东、非洲等国家。为了迎合国际上消费品"回归大自然"的发展趋势，该厂开发研制了具有当代最新科技水平、全国牙膏行业唯一发明专利产品——丝素牙膏，引进国内外客户的极大兴趣和关注。最近又开发出珍珠王牙膏系列产品，收到消费者的青睐。

　　译文最初为纸质版本，后转为 word 电子文档，输入时处理同叙事文，完全保留了学生译文原貌，输入后又进行了二次检查，保证转写质量。

5.1.3　议论文语料

　　本研究所用的议论文语料来自黄成洲（2009：134）主编的《汉英翻译技巧——译者的金刚钻》。议论文语料包含 257 篇译文，共计 52863 个形符，经过人工评分后被随机分为训练集和验证集。议论文原文约 341 字，完成时间为 60 分钟。翻译原文如下：

表 5.3　议论文原文和翻译要求

> 　　凡事一分为二，有利有弊。名望，同样也有它的利弊。
> 　　人们对待名人的态度通常是尊敬而又谦逊有礼。这种态度增强了名人的自豪感和自尊心。街头巷尾拿他做话题，公众排起长队，仅仅为了瞅他一眼。

（待续）

（续表）

　　名人通常生活在充满友爱和尊敬的世界里。人们随时乐意为他的突发奇想或者幻想效力。人们竭尽所能来取悦他，只不过因为他是个有名望的人。

　　然而名望同样也有与之俱来的不利因素。发生在名人身上的第一桩事就是生活受人干扰。为了成为公众瞩目的名人，他得放弃自己的个性，他对公众承担的义务侵扰了他的私人生活。公众坚持不懈地要了解名人的一切。他们挖掘甚至钻到名人的私人生活中，详尽地剖析他，使他的生活充满痛苦。名人必须细心思考问题，谨言慎行。名人一旦说话出错，便成为笑料。为了符合他们的公众形象，名人过着人为的不自在的生活。

　　收集上来的译文处理方法同上，最初为纸质版本，后转为 word 电子文档，输入时处理完全保留了学生原有的错误，输入后又进行了检查，保证转写质量。

　　从文体特点来分析，叙事文是以叙事、描写、抒情和议论为表达方式，以记人、叙事、写景、状物为主要内容的一种文体。（http://www.thn21.com/base/say/9498.html）本研究使用的叙事文讲述了作者与父母之间家信往来的趣事，透着浓浓的亲情，语言地道幽默，表达形式丰富，不易于翻译，例如"入学后的新鲜感消失后，信也渐渐少了，不会再把饭盒磕掉一块瓷之类的事告诉父母了"。句中"把饭盒磕掉一块瓷"就成了形式和语义上的翻译难点。说明文是以说明为表达方式，语言准确、简明、浅显、易懂。

　　说明文是以说明为主要表达方式，通过客观地解说事物的外貌、构造、性质、特征、范围、类别、来源、成因、关系、功用等来阐明事物的内容和形式、本质和规律。它的特点：在内容上具有高度的科学性，在结构上具有清晰的条理性，在语言上具有严密的准确性，在使用上具有突出的实用性。（http://www.njliaohua.com/lhd_256m381dzc4m0xd0pdts_1.html）本研究所使用的说明文是一篇有关南京化学厂的简介，语言浅显易懂，意义清楚明了，与叙事文相比，易于翻译。

　　根据百度百科，议论文是一种剖析事物、论述事理、发表意见、提出主张的文体，通过摆事实、讲道理、辨是非等方法，来确定其观点正确或错误，树立或否定某种主张。议论文观点明确、论据充分、语言精炼、论证合理、逻辑严密。（http://baike.baidu.com/link?url=uRZFuR_E6UT5u5q S4a8kRi4yg3hLNSKcIwppwse-44DFiXViky2t3zWSru61rwH3LvwiO1f-FNwPvDg_jZupSa）本研究所使用的议论文以"名人"为话题，通过摆事实、讲道理阐述"名望"的利弊。文章逻辑严密，语言诙谐，涉笔成趣，不太容易翻译，如文中的"街头巷尾拿他做话题""公众坚持不懈地要了解名人的一切。他们挖掘甚至钻到名人的私人生活中，详尽地剖析他，使他的生活充满痛苦"。这些句子都会给学生带来语言转换时的困难。三种文体中的主要文本数据信息汇总如下：

表 5.4　三种文体主要文本信息汇总

文体	学生类型	篇数	原文字数	形符数	每篇译文平均词数
叙事文	英语专业三、四年级	300	345	68179	227
说明文	英语专业三、四年级	336	301	60909	181
议论文	英语专业三、四年级	257	341	52863	205

　　表 5.4 显示叙事文、议论文原文字数相仿，分别为 345 字和 341 字，说明文字数最少，为 301 字。翻译为英文后，篇幅有所减少，叙事文每篇译文平均词数为 227，议论文为 205，说明文最低，为 181。单纯从译文词数看，叙事文和议论文的转换复杂度超过说明文。

5.2　评分标准体系

　　本研究是在王金铨（2008）的研究基础上的延伸和拓展，因此沿用了王金铨（2008）的评分标准和评分方式，采用语义内容评判和语言形式评判相结合的方法，分别对应翻译标准中的"信"和"达"。

　　语义内容通过语义单位中的语义点进行评分，每个语义单位赋予一定的分值，语义点的准确程度决定语义单位得分结果。

　　语言形式分成语言准确性和语言恰当性两个部分，分别通过形式错误和语言规范程度来进行评分。翻译评分标准体系如图 5.1 所示：

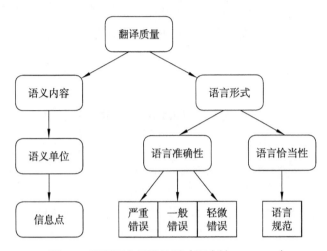

图 5.1　翻译评分标准体系（王金铨 2008：36）

　　本研究所采用的评分标准和方法与王金铨（2008）的研究保持一致，说明文和议论文的评分标准在叙事文评分框架基础上确立，语义内容评分标准由专家确定的语义点评测，语言形式评分标准与叙事文相同。

5.2.1　语义内容评分

　　语义内容评分对于翻译而言至关重要，本研究以译文中的语义点作为语义内容评分标准，由于篇章中每个语义点的分量不同，有的语义点区分度高，而有的语义点不具有区分度，研究者在语义内容评分之前邀请翻译专家对译文进行语义点划分，挑选出对译文质量具有区分度的语义点作为评分依据。王金铨（2008：46-50）为了验证有区分度语义点评分的效果，进行了两次人工评分。第一次评分将篇章译文划分为 20 个语义单位，每个语义单位包括 2—3 个语义点，邀请三位有丰富翻译实践经验和评分经验的高校教师作为评分员，对译文进行认真细致的分析性评分，耗费 50 小时，3 位评分员之间的语义、形式相关系数均值在 0.95 以上。由于第一次评分耗时费力，不太符合大规模测试评分的要求，研究者进行了二次评分。第二次评分只以 17 个有区分度的语义点作为评分依据，花费 10 小时。评分结果显示，三位评分员之间相关系数为 0.930，与第一次语义评分结果的相关系数为 0.906，充分证明了第二次以有区分度语义点评分的信度和效度。本研究叙事文语义评分采用王金铨（2008）的研究的第一次评分方式，说明文和议论文语义内容评分以有区分度语义点作为评分标准。三种文体语义点划分如下：

表 5.5　叙事文评分语义点

1. （入学后的 新鲜感｜消失后），（信也渐渐少了），（不会再把饭盒磕掉一块瓷之类的事｜告诉父母了）。

2. 不过，（写家信的一个 最大好处是）：（它让我忽然觉悟到父母深藏不露的 幽默）。

3. （父母的回信上），（除了老生常谈的 好好学习、遵守纪律外），（还有一些令大学教授都为之皱眉的 离奇的事）。

4. 例如，最近一封来信，正值（联合国秘书长安南）（为解决伊拉克武器核查危机｜前往巴格达）而（进行外交斡旋）。

5. （父亲在信中说），（报上那个隐形战斗机分明可以看到），（干嘛说它"隐形"呢）？（对于这类问题，我总是写信耐心地解释给他们听）。

6. （回答不了的，查资料，问老师），（以满足这两位"编外大学生"的求知欲望）。

（待续）

（续表）

7.（去年寒假回家，母亲竟然背诵出 | "信息高速公路"的定义来）……
（当然，有几处是父亲提醒的）。

8.（父母同样需要 | 新鲜知识，需要倾心交流，需要关爱和理解），（家
信是再好不过了）。

9.（拿起笔来，写封家信吧），（偶尔撒个娇也无妨）。

　　为进一步验证有区分度语义点的效度以及与全覆盖语义点之间的相
关性，叙事文依旧使用第一次语义评分的方式。如表 5.5 所示，整个叙事
文篇章被分为 20 个语义单位（如表 5.5 内括号所示），每个单位分值为 5 分，
每个单位内有 2—3 个语义点，译出这些语义点，至少得及格分；译出语
义点外的内容进行加分，直至满分。进行语义评改时不考虑语言形式错误，
确保两类分值的区分度。

表 5.6　说明文评分语义点

1. 南京化学厂具有近四十年的建厂史，是轻工业部（3）定点生产牙
膏（3）的中型企业（2），现为省级先进企业（2）。

2. 全厂现有职工 600 名，其中工程技术人员（2）七十余名，具有丰
富的专业技术知识（3），检测设备先进，手段齐全（5）。

3. 该厂在全国率先引进具有 80 年代国际先进水平（3）的瑞士
VME-700 型制牙膏机（3）及德国 IWKA 公司灌装包装设备（3），
具有年产牙膏 8000 万支以上的生产能力。

4. 该厂牙膏产品有三大系列，14 个品种规格（2），名优产品芒果
（3），几十年来畅销不衰（2），并出口到东欧、中东、非洲等国家。

（待续）

（续表）

5. 为了迎合国际上消费品"回归大自然"的发展趋势（2），该厂开发研制了具有当代最新科技水平、全国牙膏行业唯一发明专利产品（2）——丝素牙膏，引起国内外客户的极大兴趣和关注（3）。

6. 最近又开发出珍珠王牙膏系列产品，受到消费者的青睐（2）。

表 5.7　议论文评分语义点

1. 凡事一分为二（3），有利有弊。名望，同样也有它的利弊（3）。

2. 人们对待名人的态度通常是尊敬而又谦逊有礼（3）。这种态度增强了名人的自豪感和自尊心（3）。

3. 街头巷尾拿他做话题，公众排起长队（3），仅仅为了瞅他一眼（3）。

4. 名人通常生活在充满友爱和尊敬的世界（3）里。人们随时乐意为他的突发奇想或者幻想效力（3）。

5. 人们竭尽所能来取悦（1）他，只不过因为他是个有名望的人（2）。

6. 然而名望同样也有与之俱来的不利因素（3）。

7. 发生在名人身上的第一桩事就是生活受人干扰（3）。为了成为公众瞩目的名人，他得放弃自己的个性（3），他对公众承担的义务（3）侵扰了他的私人生活。

8. 公众坚持不懈地要了解（3）名人的一切。他们挖掘甚至钻到（3）名人的私人生活中，详尽地剖析（3）他，使他的生活充满痛苦（1）。

9. 名人必须细心思考问题，谨言慎行（3）。名人一旦说话出错，便成为笑料（2）。

10. 为了符合他们的公众形象（3），名人过着人为的不自在的生活（3）。

上述三种文体语义点均以灰色背景标出，叙事文语义单位数量20个、语义点52个，说明文和议论文语义点数量分别为18个和23个，括号内为相应语义点的分值。评分员经过充分讨论后，按照拟定的语义评分标准进行独自评分，语义点参考译文及篇章参考译文详见附录一至附录六。

5.2.2 语言形式评分

语言形式评分以王金铨（2008：42）的研究中所使用的形式评分标准作为评判准则。按照该标准，语言形式分为语言准确性和语言恰当性两个部分进行评分，评分标准体系如下图：

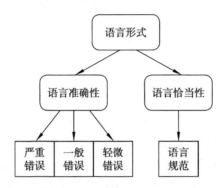

图 5.2 语言形式评分标准体系（王金铨 2008：42）

图 5.2 显示，语言形式得分由语言准确性和语言恰当性两部分构成，语言准确性以语言错误数量和严重性程度确定，语言恰当性按照译文中出现的语言不符合规范（如地道性，中国式英语）的数量评定，语言恰当性错误算作轻微错误。

本研究最终使用的形式评分标准汇总如下（更为详细的形式评分标准参见附录七）：

表 5.8 语言形式评分标准（王金铨 2008：44）

语言形式评定标准	
语言准确性：语言准确性按照译文中出现的错误数评定。对错误的界定拟区分严重错误、一般错误和轻微错误。每一个严重错误的分值与两个一般错误的分值相当，每一个一般错误与两个轻微错误相当。	严重错误主要为结构性错误，包括破裂句（sentence fragment）、垂悬修饰语错误（dangling modifier）、并列结构错误（faulty parallelism）、主要句子成分缺失或多余（syntactic deficiency/redundancy）等。

（待续）

（续表）

语言形式评定标准	
	一般错误主要为一般性语法错误，包括连写句（run-on sentence）、时态错误、一致性错误、语态错误、词类混淆、语序错误、搭配错误、标点符号错误等。
	轻微错误主要为一般性词汇误用，包括用词错误（介词、代词、冠词）、拼写错误等。
语言恰当性：语言通顺程度按照译文中出现的语言不符合规范（包括用词地道性，中国式英语[chinglish]）的数量评定，语言恰当性错误算作轻微错误。	

语言形式评定按句给分，共九句，每句分值为 10 分，按照语言准确性和语言恰当性给分。（语言准确性和语言恰当性合在一起评分，恰当性错误算作轻微错误，2 个恰当性错误相当于 1 个一般性错误），形式评分时不考虑语义方面的错误。

等级分	评分标准
0	完全不可理解，或没有翻译。
2	译文晦涩难懂，有 2 处以上严重错误或 4 处以上一般错误，或漏译了大部分原文。
4	译文很不流畅，有 2 处严重错误或 4 处一般错误，或漏译了少部分原文。
6	译文基本流畅 有 1 处严重错误或 2 处一般错误。
8	译文流畅，只存在 1 处一般错误。
10	译文是流畅而且地道的句子，没有形式错误。

三种文体的形式评分均采用该评分标准，在形式评分中，叙事文为 9 句，说明文 6 句，议论文 11 句，每句分值为 10 分，分别计算每篇译文形式总分。在后期权重分配中，将形式分值以总分 100 分重新计算译文形式得分。

5.3 评分过程

高信度人工评分是构建汉英翻译自动评分系统的关键，所有文本特征的提取离不开形式和语义评分，都需要进行相关分析，只有与人工评分呈现相关关系的文本变量才能作为预测变量进入模型构建阶段。为了取得高信度的评分结果，研究者在评分员选择、培训、正式评分等环节做了细致的工作。首先，研究者邀请了三位具有丰富翻译经验和测试评分经验的高校教师作为评分员，在评分标准制定时，三位评分员就加入了评分团队，共同研讨形式、语义评分标准的制定。第二，实际评分时，研究者对评分员进行了多次培训，经过了评分材料研读、评分标准确定、试评、正式评分等多个环节完成了人工评分工作。正式评分过程中，每一种文体评分前有一个总体的培训，另外，每一句评分前都需要进行培训，对试评中出现的问题进行充分讨论，确保每一位评分员真正掌握了评分标准，能够做到自始至终用一把尺子衡量所有的译文，保证评分结果的一致性。整个人工评分过程工作量巨大，叙事文评改了 300 篇，每篇 9 句，分为形式评分和语义评分，共计赋分 5400 次；说明文评改了 336 篇，每篇 6 句，共计赋分 4032 次；议论文 257 篇，每篇 11 句，共计赋分 5654 次。三种文体总计人工评分 15086 次，耗时可观，如果加上篇章中语义点数量以及语言准确性和语言恰当性错误数量，人工评分次数将更为巨大。下一节将介绍三种文体人工评分信度。

5.4 评分信度报告

5.4.1 叙事文评分信度

叙事文评分模型是首次创立的汉译英评分模型，研究者进行了两次人工评分，第一次评分包括语义和形式评分，第二次评分则以有区分的语义点作为评分内容。结果显示评分员两次人工语义评分之间的相关系数达到了 0.906**，充分表明了第二次评分的有效性，也表明以具有区分度的语义点作为评分依据不仅省时省力，而且信度可靠，为今后在大规模翻译测试中使用第二种评分方法提供了数据支撑。本研究中的说明文和议论文语义评分即以有区分度语义点作为评分依据并制定评分标准。

本研究中所有文体的人工评分都是按句进行，分为语义评分和形式评分，将所有单句成绩相加即可得篇章译文得分。叙事文人工评分结果如下：

表 5.9　叙事文评分员单句语义评分之间的相关系数及 alpha 系数

语义	评分员一 / 评分员二	评分员二 / 评分员三	评分员一 / 评分员三	评分员间 alpha 系数
单句一	0.877**	0.882**	0.875**	0.954
单句二	0.866**	0.888**	0.869**	0.950
单句三	0.869**	0.880**	0.877**	0.954
单句四	0.881**	0.881**	0.867**	0.955
单句五	0.869**	0.922**	0.839**	0.954
单句六	0.818**	0.850**	0.847**	0.937
单句七	0.908**	0.909**	0.875**	0.963
单句八	0.897**	0.901**	0.898**	0.964
单句九	0.875**	0.904**	0.831**	0.952

**. 相关性均在 0.01 水平（双侧）上有显著意义

表 5.10　叙事文评分员单句形式评分之间的相关系数及 alpha 系数

形式	评分员一 / 评分员二	评分员二 / 评分员三	评分员一 / 评分员三	评分员间 alpha 系数
单句一	0.966**	0.972**	0.979**	0.990
单句二	0.957**	0.968**	0.968**	0.988
单句三	0.958**	0.955**	0.963**	0.986
单句四	0.964**	0.856**	0.852**	0.958
单句五	0.950**	0.801**	0.797**	0.940

（待续）

（续表）

形式	评分员一 / 评分员二	评分员二 / 评分员三	评分员一 / 评分员三	评分员间 alpha 系数
单句六	0.942**	0.934**	0.923**	0.976
单句七	0.925**	0.927**	0.919**	0.973
单句八	0.965**	0.971**	0.973**	0.990
单句九	0.930**	0.918**	0.968**	0.980

**. 相关性均在 0.01 水平（双侧）上有显著意义

表 5.9 显示评分员在叙事文所有单句语义评分中的相关系数均值都在 0.83 以上，且都具有统计意义，评分员之间的相关系数最高的是单句七和单句八，均值都在 0.89 以上。表 5.10 显示评分员在单句形式评分之间的相关系数均值超过了语义评分，表明评分员在语言形式方面的一致性要高于语义评分，除了单句四和单句五，其余单句相关系数均在 0.9 以上。

表 5.9 和表 5.10 还报告了评分员语义和形式评分结果的内部信度。Loewenthal（2001: 12）指出 alpha 值至少要达到 0.7 信度才能达到满意的水平，表中语义和形式的 alpha 系数都在 0.9 以上，说明了评分结果的内部一致性非常好。

将单句得分相加得到叙事文篇章语义和形式总分，评分员间相关系数统计结果如下：

表 5.11　叙事文篇章总分评分员间相关系数及 alpha 系数

	评分员一 / 评分员二	评分员二 / 评分员三	评分员一 / 评分员三	评分员间 alpha 系数
语义总分	0.959**	0.966**	0.951**	0.986
形式总分	0.988**	0.977**	0.978**	0.993

**. 相关性均在 0.01 水平（双侧）上有显著意义

表 5.12 叙事文总体评分的均值和标准差

	N	Mean	Std. Deviation
评分员一语义总分	300	68.02333	8.824058
评分员二语义总分	300	66.61867	8.585189
评分员三语义总分	300	67.34000	8.726966
评分员一形式总分	300	61.28000	9.720764
评分员二形式总分	300	61.45000	9.628249
评分员三形式总分	300	61.72333	10.198045

表 5.11 显示评分员语义、形式篇章总分之间的相关系数都非常高，数值都在 0.95 以上，且都具有统计学的显著意义，评分员间的内部一致性也非常好，alpha 值都在 0.98 以上。表 5.12 显示人工评分均值和标准差都比较接近，也从另一个侧面反映了评分员之间良好的一致性。

5.4.2 说明文评分信度

说明文评分在叙事文基础上做了改进，由于译文逐字评分耗费大量时间和精力，且叙事文评分结果表明有区分度语义点评分和逐字评分结果相关系数很高，因此说明文语义评分采用了有区分度语义点的评分方法。说明文包含六个单句，按照语义和形式分别评分，分句评分结果汇总如下：

表 5.13 说明文评分员单句语义评分之间的相关系数及 alpha 系数

语义	评分员一 / 评分员二	评分员二 / 评分员三	评分员一 / 评分员三	评分员间 alpha 系数
单句一	0.907**	0.913**	0.884**	0.964
单句二	0.808**	0.811**	0.886**	0.935
单句三	0.877**	0.915**	0.914**	0.964
单句四	0.845**	0.836**	0.877**	0.945
单句五	0.903**	0.897**	0.924**	0.967
单句六	0.804**	0.818**	0.780**	0.923

**. 相关性均在 0.01 水平（双侧）上有显著意义

表 5.14　评分员单句形式评分之间的相关系数及 alpha 系数

形式	评分员一 / 评分员二	评分员二 / 评分员三	评分员一 / 评分员三	评分员间 alpha 系数
单句一	0.886**	0.888**	0.900**	0.960
单句二	0.900**	0.884**	0.811**	0.950
单句三	0.839**	0.925**	0.837**	0.948
单句四	0.888**	0.928**	0.905**	0.967
单句五	0.847**	0.883**	0.809**	0.941
单句六	0.890**	0.927**	0.899**	0.966

**. 相关性均在 0.01 水平（双侧）上有显著意义

从表 5.13 可以看出在单句语义评分中，除了单句六评分员一和评分员三之间的语义评分相关系数为 0.780，其余评分员之间的相关系数都在 0.80 以上，且都具有统计学上的显著意义，最高为 0.924，是评分员一与评分员三对第五句评分结果的相关系数。

表 5.14 反映了评分员之间在单句形式评分结果的相关系数，均在 0.80 以上，且都具有统计学的显著意义。

将分句得分相加得到说明文篇章译文得分，统计结果如下：

表 5.15　说明文评分员间语义总分的相关系数及 alpha 系数

	评分员一 / 评分员二	评分员二 / 评分员三	评分员一 / 评分员三	评分员间 alpha 系数
语义总分	0.943**	0.952**	0.955**	0.983
形式总分	0.937**	0.939**	0.965**	0.981

**. 相关性均在 0.01 水平（双侧）上有显著意义

表 5.16　说明文总体评分的均值和标准差

	N	Mean	Std. Deviation
评分员一语义总分	336	64.5067	15.17265
评分员二语义总分	336	62.8328	14.79636

（待续）

（续表）

	N	Mean	Std. Deviation
评分员三语义总分	336	61.2979	15.05173
评分员一形式总分	336	59.2876	12.05555
评分员二形式总分	336	57.1493	11.08166
评分员三形式总分	336	58.8262	11.88314

从表 5.15 可以看出，评分员的语义、形式总体评分之间的相关系数都非常高，数值都在 0.93 以上，且都具有统计学的显著意义，评分员间的内部一致性也非常好，alpha 值都在 0.98 以上。表 5.16 的均值和标准差都比较接近，也从另一个侧面反映了评分员之间良好的一致性。

5.4.3 议论文评分信度

议论文包含 10 个单句，按照语义和形式分别评分，评分方法同说明文，分句评分结果汇总如下：

表 5.17 议论文评分员单句语义评分之间的相关系数及 alpha 系数

语义	评分员一 / 评分员二	评分员二 / 评分员三	评分员一 / 评分员三	评分员间 alpha 系数
单句一	0.807**	0.833**	0.809**	0.927
单句二	0.852**	0.866**	0.830**	0.944
单句三	0.876**	0.846**	0.842**	0.946
单句四	0.837**	0.855**	0.823**	0.939
单句五	0.902**	0.878**	0.805**	0.948
单句六	0.863**	0.872**	0.815**	0.944
单句七	0.885**	0.929**	0.871**	0.962
单句八	0.892**	0.891**	0.897**	0.961
单句九	0.835**	0.887**	0.824**	0.943
单句十	0.843**	0.849**	0.827**	0.940

**. 相关性均在 0.01 水平（双侧）上有显著意义

表 5.18　议论文评分员单句形式评分之间的相关系数及 alpha 系数

形式	评分员一 / 评分员二	评分员二 / 评分员三	评分员一 / 评分员三	评分员间 alpha 系数
单句一	0.810**	0.873**	0.826**	0.930
单句二	0.821**	0.857**	0.823**	0.931
单句三	0.843**	0.831**	0.823**	0.935
单句四	0.833**	0.827**	0.835**	0.936
单句五	0.868**	0.834**	0.821**	0.935
单句六	0.874**	0.862**	0.867**	0.949
单句七	0.832**	0.881**	0.848**	0.941
单句八	0.852**	0.823**	0.840**	0.934
单句九	0.872**	0.857**	0.827**	0.942
单句十	0.865**	0.888**	0.874**	0.950

**. 相关性均在 0.01 水平（双侧）上有显著意义

从表 5.17 可以看出在议论文单句语义评分中，评分员之间的相关系数都在 0.80 以上，且都具有统计学上的显著意义，最高为 0.929，是评分员二与评分员三对单句七评分结果的相关系数。

表 5.18 反映了评分员之间在单句形式评分结果的相关系数，均在 0.80 以上，且都具有统计学的显著意义。

将分句得分相加得到议论文篇章译文得分，统计结果如下：

表 5.19　议论文评分员间语义总分的相关系数及 alpha 系数

	评分员一 / 评分员二	评分员二 / 评分员三	评分员一 / 评分员三	评分员间 alpha 系数
语义总分	0.943**	0.949**	0.937**	0.980
形式总分	0.938**	0.942**	0.941**	0.972

**. 相关性均在 0.01 水平（双侧）上有显著意义

表 5.20　议论文总体评分的均值和标准差

	N	Mean	Std. Deviation
评分员一语义总分	257	73.36422	11.341242
评分员二语义总分	257	73.25070	11.354107
评分员三语义总分	257	69.64103	11.159928
评分员一形式总分	257	53.43969	7.090188
评分员二形式总分	257	53.77043	9.224512
评分员三形式总分	257	53.38521	7.278732

从表 5.19 可以看出，评分员的语义、形式总体评分之间的相关系数都非常高，数值均在 0.93 以上，且都具有统计学的显著意义，评分员间的内部一致性也非常好，alpha 值都在 0.97 以上。表 5.20 的均值和标准差都比较接近，反映了评分员之间良好的一致性。

综合所有评分数据，三种文体人工评分中评分员之间形式和语义总分相关系数均超过了 0.9，alpha 值均在 0.95 以上，显示了良好的评分信度和内部一致性，为后期评分模型的构建打下了良好的基础。

5.5　最佳译文集合的形成

与以往机器自动评分系统不同，本研究引入最佳译文集合中的相关数据作为待测译文的评价指标，与最佳译文集合数据越接近则质量越高，反之则越低，避免了以往单纯地以数量论质量的局面。本研究所使用的最佳译文集合由 5 篇专家译文和 20 篇经过专家修改的学生佳译构成，5 篇专家译文来自具有丰富翻译实践经验的高校教师，20 篇学生佳译来自语义评分最高的待测译文。专家译文虽然完美，但水平层次高出学生译文不少，为了使最佳译文集合更符合学生限时翻译的特点，本研究加入了经过修改的学生佳译，提高评分系统的针对性、有效性和准确性。

学生佳译选择和修改遵循了以下几个原则：

1. 语义成绩排名前 20 的学生译文才能进入最佳译文集合；

2. 学生译文修改必须最大限度保持原貌，仅作必要语义、形式错误修正。修正的错误类型大致有四类：形式错误、语法错误、词语误用和漏译添加。由于每种错误类型很多，下面仅部分举例说明：

（1）形式错误。有学生译文存在拼写错误和语序错误，如"联合国秘书长安南"译为"Anlan, General Secretary of the UN"，应改译为"Annan, Secretary General of the UN"。

（2）语法错误。有学生译文存在单复数使用错误，如"But, the biggest advantage of writing home letter is that…"，改译为"But, the biggest advantage of writing home letters is that…"。

（3）词语误用。有学生译文将"武器核查危机"译为"the crisis of arm checking in Iraq"，其中 arm checking 属于词语误用，应改译为"arms inspection"。

（4）漏译补全。叙事文中有一句"偶尔撒个娇也无妨"，有学生译文丢掉了"偶尔"，将原句译为"act like a spoiled child"，故添上"occasionally"一词表达此意。再如，"去年寒假回家，母亲竟然背诵出'信息高速公路'的定义来"，有学生译文译为"Last winter vacation, to my surprise, my mother could recite the definition of the Information Highway."，漏译了"回家"语义，故改译为"I went home last winter vacation. To my surprise, my mother could recite the definition of the Information Highway."。在改译过程中，一方面保证最佳译文的形式和语义的正确，另一方面尽最大可能保持译文的原有文字和表达方式。

3. 所有专家译文和修改后的学生佳译需要再次经过专家检验，才能最终进入最佳译文集合，确保最佳译文集合中译文的准确性和可靠性。

5.6 小结

本章介绍了本研究中使用的语料和人工评分的过程和信度。叙事文人工评分结果显示三位评分员的语义、形式总体评分之间的相关系数均在 0.95 以上，且均值和标准差都比较接近，表明评分员之间内部一致性良好。说明文和议论文评分在叙事文基础上做了一定改进，形式评分同叙事文，语义评分以原文中有区分度的语义点为评分对象，评分结果显示三位评分员在语义和形式总体评分之间的相关系数均超过 0.95，再次证实了以有区分度语义点进行语义评分的信度和效度，三种文体评分结果符合构建汉译英自动评分系统的需要。

本章还详尽描述了最佳译文集合的产生过程以及学生佳译的修改原则，并举例说明了修改内容和方式。

第六章　自然语言处理技术及统计方法

本研究使用了大量语言处理分析技术和统计方法，本章主要介绍研究中使用的相关自然语言处理工具、技术和统计方法。

6.1　相关自然语言处理工具

本研究所使用的自然语言处理工具包括三类：文本预处理工具、文本特征提取工具和统计分析工具。1. 文本预处理工具包括文本清理工具、文本切割工具、词形还原工具、词性赋码工具和随机数字生成工具，这些工具基本上都是自编程序。2. 文本特征提取工具是用来提取译文文本中的形式特征和语义特征的工具，其中包括 Wordsmith、Range 等现有工具和自编工具。3. 统计分析工具主要为 SPSS 社会科学统计软件，用途有三方面：（1）确定提取的文本特征项与译文质量相关程度；（2）运用多元回归分析构建译文自动评分模型；（3）用于验证评分模型的有效性。

6.1.1　文本预处理工具

1. 文本切割工具。文本收集以及后期转为电子版时，语料是以篇章为单位储存，即每位被试的译文被存为一份文件。人工评改时，为提高评分效率和评分信度，研究者将译文中的单句进行归类，如评改第一句时，将所有译文的第一句汇总为一个文件供评分员进行评分，并在译文前加上原文件名以方便查询和分数录入。文本切割程序不仅可以将每篇译文中的相应单句切割出，还可以在单句前加上所属文件名。

所有第一句译文切割结果示例如下：

1001.TXT<CE1>　The Nanjing Chemical factory has a history of 40 years, which is a medium enterprise located by the light industry department to produce toothpaste. Now it is a provincial advanced enterprise.

1002.TXT<CE1>　The chemical factory of Nanjing, it was built almost 40 years and is a middle corporation which is pointed by to produced toothpaste department is a province excellent corporation.

1003.TXT<CE1>　With a history of 40 years, Nanjing chemical factory, the medium enterprises of producing toothpaste which was pointed by the light industrial department, now has been an advanced enterprise in province.

切割后，所有第一句译文集中在一个文档内，以文件名 + 句子编号 + 句子译文顺序排列，便于人工评分，防止出错。

2. 文本清理工具。由于语料收集时有电子文本，也有后续转为电子文本的纸质语料，这些文本中有大量需要清理的格式问题，如英文文本中使用中文字符、有多余的空白行、多余的符号等等，这些问题会影响语料的检索和变量提取，必要的文本杂质清除有利于下一步文本标注和文本特征提取。

3. 词形还原工具。在后期某些文本特征提取过程中，需要对文本进行词形还原（lemmatization），如潜在语义分析、N 元组提取、语义点提取等。词形还原是将一个单词的所有变化形式还原为基本形式（base form），如将 sings、sang、sung、singing 还原为 sing。通过词性还原，可以去除文本中不应有的噪音，提高分析效果。本研究使用的词性还原程序为自行编写的程序，词形还原表为 Yasumasa Someya 于 1998 年编写，包含 25,804 条词目，51,608 个形符。词形还原后，所有单词恢复为原形，以小写字母呈现，词形还原前后译文形式变化如下：

词形还原前：Everything has two sides, and has its advantages and disadvantages. Reputation, as well, has its advantages and disadvantages.

（待续）

（续表）

People's attitude towards figures is always respectful and polite, and this attitude enhance their feeling of pride and self esteem.

The public is on a keen discussion on him, and queue for a ling line solely for a look at him.

The famous usually live in a world full of love and respect. People are always ready to make efforts for their new idea or mirage.

词形还原后：everything have two side, and have its advantage and disadvantage. reputation, as well, have its advantage and disadvantage.

people's attitude towards figure be always respectful and polite, and this attitude enhance their feel of pride and self esteem.

the public be on a keen discussion on him, and queue for a ling line solely for a look at him.

the famous usually live in a world full of love and respect. people be always ready to make effort for their new idea or mirage.

4. 词性赋码工具。本研究需要对语料进行词性赋码，用于文本特征提取。Claws 是兰开斯特大学从 20 世纪 80 年代开始研制的一种基于概率的词性赋码工具，官方宣称该软件的赋码准确率达到了 97%。梁茂成（2006）经过充分细致的研究，发现 CLAWS 对中国学生英语书面语语料的自动赋码准确性达到 97.7%，并且指出"基于 CLAWS 提供的词性赋码，可以对中国英语学习者书面语的句法特点进行有效的研究"（梁茂成2006：279）。本研究使用 CLAWS 对中国英语学习者的汉译英材料进行词性赋码，并提取相关文本特征用于模型构建。CLAWS 词性赋码前后文本对比如下：

Every coin has both sides, so does fame, which has both benefit and disadvantage.

（待续）

（续表）

The attitude people treat the personages is usually respectful and humble, which strengthens the sense of proud and self-esteem of them.

<s>

Every_AT1 coin_NN1 has_VHZ both_RR sides_NN2 ,_, so_RR does_ VDZ fame_NN1 ,_, which_DDQ has_VHZ both_RR benefit_VV0 and_ CC disadvantage_NN1 ._.

</s>

<s>

The_AT attitude_NN1 people_NN treat_VV0 the_AT personages_NN2 is_VBZ usually_RR respectful_JJ and_CC humble_JJ ,_, which_DDQ strengthens_VVZ the_AT sense_NN1 of_IO proud_JJ and_CC self-es- teem_NN1 of_IO them_PPHO2 ._.

</s>

<s>

He_PPHS1 has_VHZ been_VBN the_AT topic_NN1 among_II the_AT streets_NN2 ._.

</s>

<s>

The_AT public_JJ line_NN1 up_RP for_IF glancing_VVG at_II him_ PPHO1 simply_RR ._.

</s>

<s>

Famous_JJ person_NN1 usually_RR live_VV0 in_II a_AT1 world_NN1 filled_VVN with_IW friendship_NN1 ,_, love_NN1 and_CC respect_NN1 ._.

</s>

<s>

（待续）

（续表）

People_NN are_VBR willing_JJ to_TO work_VVI for_IF his_APPGE
sudden_JJ ideas_NN2 or_CC imagnary_NN1 at_II any_DD time_NNT1
._.
</s>
<s>

5.随机数字生成工具。本研究需要大量对数据进行不同的分组，而分组时需要用到大量的随机数字，自行编写的随机数字生成工具可以为分组提供所需要的随机分组数字。

6.1.2 文本分析工具

本研究中使用的变量提取工具有 WordSmith Tools、Range32、自编程序以及一些词表。

WordSmith Tools 是由利物浦大学的 Mike Scott 设计、牛津大学出版社出版的一款用于文本分析和检索的工具，包含 Concord（检索）、Wordlist（词表）、Keywords（主题词）等功能，是语料库研究中较为常用的分析工具。

Range 是新西兰维多利亚大学 Paul Nation 和 Alex Heatley 研制的一款词汇量化分析工具，该软件包含了三个词频表，分别为 BASEWRD1.txt、BASEWRD2.txt、BASEWRD3.txt，一级词汇是最常用的 1000 个词，二级词汇是第二个最常用的 1000 词，三级词汇是前两个词表之外，高中和大学教材中最常用的学术词汇。Range 词表以词族为呈现方式，一个词族包含主词（headword）及其派生和屈折形态，以 accept 为例：

ACCEPT
    ACCEPTABILITY
    ACCEPTABLE

（待续）

（续表）

```
ACCEPTABLY
ACCEPTANCE
ACCEPTANCES
ACCEPTED
ACCEPTING
ACCEPTOR
ACCEPTORS
ACCEPTS
UNACCEPTABILITY
UNACCEPTABLE
UNACCEPTABLY
```

在上述词表中，accept 为主词，accepting、accepts、accepted 为屈折形态，其余为派生词。通过 Range 检索，可以得到文本中所包含的各级词表中词汇的数量以及百分比等信息。

本研究中使用了大量自行编写的程序，具体有：

1. 提取译文中 N 元组的程序，包括从最佳译文集中提取 N 元组和从待测译文中提取 N 元组的程序。

2. Range 结果文件无法直接用于数据计算，需要自行编写程序从 Range 结果文件中提取所需译文中词频量化数据；

3. 由于 WordSmith Tools 的检索结果只包含文本中出现的词语频数，而未出现的词语频数并未标注成零，因此有必要以各组语料的文件名为基准，将词语频数写入相应文件名的后面，没有出现的标注为零，用于数据整理和变量提取，因而研究者编写了用于词语频次归类的程序；

4. 语义点提取程序。这部分程序包括语义点提取前对译文文本进行词性还原的程序以及能够把人工评改时使用的语义点外挂为字典在待测译文中进行检索提取的程序；

5. 连接词语（transitional words）检索程序。即能够把搜集到的重要连接词语作为字典在待测译文中进行检索的程序。

在变量提取过程中还使用了几个词表：（1）Glasgow 大学计算机科学系编制的停词表（详见附录九），用于过滤不具有区别意义的常用词；（2）三种文体语义点检索用词表（详见附录十、附录十一、附录十二）；（3）连接词语列表（详见附录十三），该词表综合了现有文献中的连接词语列表，具有较广的覆盖面，基本能够反映二语学习者的语篇衔接手段；（4）从最佳译文集合中提取的频次在 2 次及以上的 1－4 元组；（5）词形还原表。

6.1.3 数据分析工具

本研究中使用的数据分析工具有：R、Matrix Ver. 1.4、SPSS 19 等工具。

R 是一款功能强大的统计和分析自由软件，在本研究中，R 被用来计算待测译文与最佳译文集合间的语义相似度。

Matrix Ver. 1.4 是意大利人 Leonardo Volpi 编写的一个用于进行矩阵和线性代数计算的 excel 插件（Addin）。本研究 SVD 语义相似度计算通过 R 软件完成，但是文本数据列之间的余弦值由 Matrix Ver. 1.4 中的 Vector angle 模块完成。

SPSS 统计软件在本研究中用来进行相关分析、Cronbach's alpha 系数以及多元回归分析。相关分析在本研究中的应用有三个方面：（1）在人工评分阶段，相关分析用来考察评分员之间的信度。第三章已经对评分员的评分结果进行了描述。（2）在模型构建阶段，相关分析被用来考察变量与译文质量之间的相关关系，作为进入回归方程模型的先决条件，回归方程构建完毕，得到机器评分之后，还需要考察机器评分与人工评分之间的相关关系。（3）在模型验证阶段，仍然需要相关分析来验证机器评分与人工评分之间的相关关系。无论在篇章译文评分系统或在单句译文评分系统的构建中，相关分析都承担着确定统计模型中预测因子的作用。

Cronbach's alpha 系数是最常见的信度分析方法，由美国教育学家 Lee Cronbach 在 1951 年命名，是指量表所有可能的项目划分方法得到的折半信度系数的平均值。(http://baike.baidu.com/link?url=htbbeDJSUdIfRI cpiKB3kYdUGgd0gndBYrveWOOzW91YBret7ikDgt0zk0iyMjq2MmbhWkO zPvkXi0DSlB1O7a) 在本研究中主要用来考察评分员和分数之间的内部一致性。

多元回归分析是研究两个或两个以上自变量与一个因变量之间的相关分析，其数学模型为：

$$Y = \beta_0 + \beta_1 X_1 + \beta_2 X_2 + \cdots + \beta_m X_m + e$$

公式中 Y 为因变量，可以近似地表示为自变量 X_1, X_2, ..., X_m 的线性函数。β_0 是回归常数项；β_1, β_2, ..., β_m 为偏回归系数，表示在其他自变量保持不变时，X_j 增加或减少一个单位时 Y 的平均变化量；e 是去除 m 个自变量对 Y 影响后的随机误差（残差）。

在本研究中，多元回归分析是主要用来分析自变量和因变量之间的相关关系的统计手段，用于构建回归方程模型，反映译文质量预测变量与译文成绩之间的变动比例关系，实现对译文的自动评分。本研究建模时采用了多元回归分析中的逐步回归方法（Stepwise），其流程为"首先分别计算各自变量对的 Y 贡献大小，按由大到小挑选贡献最大的一个先进入方程；随后重新计算各自变量对 Y 的贡献，并考察已在方程中的变量是否由于新变量的引入而不再有统计意义。如存在这样的变量，则将它剔除，并重新计算各自变量对 Y 的贡献。如仍有变量低于入选标准，则继续考虑剔除，直到方程内没有变量可被剔除，方程外没有变量可被引进为止。"（张文彤 2002：69）

创建回归方程模型是一个反复尝试的过程，需要在建模过程中对评分模型进行不断修正，直到获得满意的方程模型。创建回归方程模型时，项目研究者始终把握一个原则：决定系数 R2 和相关系数 R 达到最高，共线性数值最低。

6.2　文本特征及提取方法

中国学生汉译英机助评分模型从语言形式和语义内容两方面衡量译文的通顺和忠实，语言形式从词、句、篇章三个方面提取与译文质量相关的文本变量；语义内容从语义点、N 元组、基于潜在语义分析的相似度等方面进行测量。下面分形式特征和语义特征两个方面阐述自动提取方法。

6.2.1　形式特征提取

本研究提取的与译文形式相关的文本特征项为三类：与字词相关的形式特征、与句子相关的形式特征、与篇章相关的形式特征，共计 55 个文本特征项。与字词相关的形式特征包括五小类：流利度、词汇多样性、词频广度、词汇难度、词性分布；与句子相关的形式特征只有句子复杂度一类，包括平均句长、句子数、句子长度标准差三个变量；与篇章相关的形式特征是语篇衔接与连贯，语篇衔接通过连接词语变量来体现，语篇连贯相关形式特征共包括局部连贯、整体连贯和篇章连贯三个维度共 13 个变量。在所有提取的形式特征中，一部分可以用现有软件直接提取，另一部分需要通过自编程序提取。三类形式特征提取方法如下表所示：

表 6.1　形式变量提取方法

	分类	文本特征	提取方法	计算方法
与字词相关的形式变量	流利度	形符	WordSmith 词表功能	待测译文该变量数值减去最佳译文集合均值的绝对值
	词汇多样性	类符	WordSmith 词表功能	
		形符类符比	WordSmith 词表功能	
	词频广度	一级、二级、三级词汇形符类符数和百分比	Range	通过自编 Perl 程序从 Range 结果文件中提取

（待续）

（续表）

	分类	文本特征	提取方法	计算方法
与字词相关的形式变量	词汇难度	平均词长	WordSmith 词表功能	待测译文该变量数值减去最佳译文集合均值的绝对值
		词长标准差	WordSmith 词表功能	
	词性分布	数词、冠词、限定词、名词、动词、形容词、副词、情态动词、介词、人称代词数量及百分比	WordSmith 检索功能	词性数量由 Wordsmith 直接提取，词性百分比计算公式：词性百分比＝词性数量/译文形符数
与句子相关的形式特征	句子复杂度	平均句长	WordSmith 词表功能	待测译文该变量数值减去最佳译文集合均值的绝对值
		句子数	WordSmith 词表功能	
		句子长度标准差	WordSmith 词表功能	
与篇章相关的形式特征	语篇衔接	过渡词语	Perl 自编程序	Perl 程序通过外挂词典提取
	语篇连贯	代词密度	TAACO 文本连贯性自动分析工具	待测译文该变量数值减去最佳译文集合均值的绝对值
		相邻句间的词元重叠		
		相邻句间的论元重叠		
		相邻句间的同义名词重叠		
		相邻句间的同义动词重叠		
		相邻句间的 Word2vec 相似度		
		相邻句间的 LSA 余弦相似度		

（待续）

（续表）

	分类	文本特征	提取方法	计算方法
与篇章相关的形式特征	语篇连贯	相邻段间的词元重叠	TAACO 文本连贯性自动分析工具	待测译文该变量数值减去最佳译文集合均值的绝对值
		相邻段间的论元重叠		
		相邻段间的同义名词重叠		
		相邻段间的同义动词重叠		
		相邻段间的Word2vec 相似度		
		相邻段间的LSA余弦相似度		

表 6.1 介绍了本研究中所有形式特征提取的工具和计算办法，所有形式特征数据提取之后分别被输入 SPSS 做进一步数据分析。

6.2.2 语义特征提取

语义特征对于衡量翻译质量尤其是译文忠实度具有重要意义。本研究以最佳译文集合为标准，提取三类语义特征对译文进行评价：1—4 元组数量及其百分比、语义点数量和 SVD 值。

1. 1—4 元组数量及其百分比。N 元组是机器翻译评价领域常见的评测手段，BLEU、NIST、METEOR 等都使用了 N 元组作为评测译文忠实度和流利度的方法，且效果良好。本研究借鉴了机器译文评测中的 N 元组方法，从最佳译文集合中提取频次大于 2 次（包含 2 次）的 N 元组作为基准词表从待测译文中提取相应 N 元组的数量。本研究中使用的 N 元组数量不计重复数量，同一 N 元组出现 1 次以上只计 1 次，为防止某些译文通过重复 N 元组的方法获取得分。

译文 1—4 元组的百分比计算公式如下：

$$N \text{ 元组百分比} = \frac{N \text{ 元组数量}}{\text{所在译文形符数}}$$

2. 语义点数量。语义点来源于译文人工评分时所用的得分点，在自动评分系统中应用语义点变量是为了更好地训练评分系统，明确告知系统哪些点得分，哪些点不得分，语义点变量与译文语义内容高度相关。语义点变量通过自行编写的程序外挂语义点词典进行提取，计数方法与 N 元组一样，相同语义点只计一次，不重复计分。

3. SVD 值。奇异值分解（SVD）是一种矩阵分解技术，是潜在语义分析普遍使用的算法。"通过对文本集的词语/文本矩阵的奇异值分解计算，并提取 K 个最大的奇异值及其对应的奇异向量构成新矩阵来近似表示原文本集的词语/文本矩阵"（王金铨 2007：408）。奇异值分解在统计分析中主要应用为主成分分析，通过降维的方法找出大数据中隐藏的模式，通过 SVD 值能够计算语句、段落、甚至篇章之间的相似程度。王金铨（2007）曾运用奇异值分解的方法从语言形式和语言意义两个方面出发对语句相似度进行了深入研究，结果表明 SVD 法计算出的语句相似度与中外评分员评判的相似度之间具有较高的一致性，总体相关系数分别达到了 0.928 和 0.925。本研究通过奇异值分解的方法计算译文间语义相似度，整个计算过程需要经过三个步骤：（1）原始矩阵生成，（2）矩阵分解运算，（3）计算相似度。

（1）原始矩阵生成。SVD 任何运算都离不开矩阵，本研究自行编写程序用于词语/文本矩阵的生成。矩阵生成前对所有文本进行清理并词形还原，去除文本中的噪音。矩阵的每一列为一篇译文文本，矩阵的每一行为译文文本中每个词语在文本中的频率，由于相似度计算需要有一个参照对象，本研究将最佳译文合并成为一个文本，置于矩阵的第一列，其他译文顺序排列，与最佳译文集合比较语义相似度。

初始矩阵如图 6.1 所示：

	000.txt	001.txt	003.txt	009.txt	012.txt	016.txt	018.txt	020.txt	021.txt	025.txt	027.txt	034.txt	039.txt	041.txt	044.txt	045.txt	050.txt	052.txt	053.txt
A	0.026019	0.023256	0.013514	0.013158		0.005076	0.005556	0.015228	0.005208	0.014851	0.021739	0.032967	0.010204	0.034146	0.015	0.024876	0.009901	0.038835	0.018
ABBEY	0	0	0	0	0	0	0	0	0	0	0	0	0	0	0	0	0	0	0
ABIDE	0.001145	0	0	0	0	0	0	0	0	0	0	0	0	0	0	0	0	0	0
ABIDENESS	0	0	0	0	0	0	0	0	0	0	0	0	0	0	0	0	0	0	0
ABILITY	0	0	0	0	0	0	0	0	0	0	0	0	0	0	0	0	0	0	0
ABLE	0.000818	0	0	0	0	0	0	0	0	0	0	0	0	0	0.005	0	0	0	0
ABOUT	0.003764	0	0	0	0	0.005076	0.005556	0	0	0	0.005435	0.005495	0.010204	0	0.02	0	0.00495	0.004854	0.004
ABOVE	0	0	0	0	0	0	0	0	0	0	0	0	0	0	0	0	0	0	0
ABSOLUTELY	0.000327	0	0	0	0	0	0	0	0	0	0	0	0	0	0	0	0	0	0
ABSURD	0	0	0	0	0	0	0	0	0	0	0	0	0	0	0	0	0	0	0
ABYSMAL	0	0	0	0	0	0	0	0	0	0	0	0	0	0	0	0	0	0	0
ACCEPTABLE	0.000327	0	0	0	0	0	0	0	0	0	0	0	0	0	0	0	0	0	0
ACCIDENTALLY	0.000164	0	0	0	0	0	0	0	0	0	0	0	0	0	0	0	0	0	0
ACCOMPANY	0.000164	0	0	0	0	0	0	0	0	0	0	0	0	0	0	0	0	0	0
ACCOMPLYING	0	0	0	0	0	0	0	0	0	0	0	0	0	0	0	0	0	0	0
ACCORD	0.000327	0	0	0	0	0	0	0	0	0	0	0	0	0	0	0	0	0	0
ACCORDINGLY	0	0	0	0	0	0	0	0	0	0	0	0	0	0	0	0	0	0	0
ACCUSTOMED	0	0	0	0	0	0	0	0	0	0	0	0	0.005102	0	0	0	0	0	0.004
ACHIEVE	0	0	0	0	0	0	0	0	0	0	0	0	0	0	0	0	0	0	0
ACHIEVE	0	0	0	0	0	0	0	0	0	0	0	0	0	0	0	0	0	0	0
ACQUIREMENT	0	0	0	0	0	0	0	0	0	0	0	0	0	0	0	0	0	0	0
ACROSS	0.003109	0	0	0	0	0	0	0	0	0	0	0.005495	0	0.004878	0.005	0	0	0	0
ACT	0	0	0	0	0	0	0	0	0	0.00495	0	0	0	0	0	0	0.00495	0	0
ACTION	0.000491	0	0	0	0	0	0	0	0	0	0	0	0	0	0	0	0	0	0
ACTUALLY	0	0	0	0	0	0	0	0	0	0	0	0	0	0	0.005	0	0	0	0.004
ADD	0.000164	0	0	0	0	0	0	0	0	0	0	0	0	0	0	0	0	0	0
ADDITION	0.000164	0	0	0	0	0	0	0	0	0	0	0	0	0	0	0	0	0	0

图 6.1　原始矩阵

如图 6.1 所示，原始矩阵是一个词语 / 文本的频率矩阵，第一列为所有译文中出现的词语，第二列为最佳译文集合中出现词语的频率，剩余列代表每一篇待测译文，每一行代表一个词语，频率则是词语在译文中出现的次数。由于每篇译文形符数不等，尤其是最佳译文集合的形符数差异巨大，因此生成矩阵时，对每个词语的原始频率进行了标准化处理，标准化的方式就是将频率除以每篇译文的形符数得到标准化的数值。频率矩阵实际上是一个由所有译文构成的语义空间，表征着译文与译文之间的语义空间关系。

（2）矩阵分解运算。首先词语 / 文本矩阵被分解为三个矩阵 $\{X\} = \{U\}\{S\}\{V^t\}$，$\{U\}$ 是一个 m×n 的矩阵（m 对应着词语，n 对应着文本）；$\{S\}$ 为一个 n×n 的对角矩阵；$\{V^t\}$ 和 $\{U\}$ 相同，是一个正交矩阵，大小为 n×n。在本研究中，n= 每组所包含的文本数 +1 篇由最佳译文集合组成的参照译文，如一组译文为 100 个，n=100+1，m 为 101 篇译文中包含的词语数量。经过矩阵分解，得到 $\{U\}\{S\}\{V^t\}$ 三个矩阵，此时需要确定 K 值对原始矩阵进行降维处理，按照 Landauer et al. (1998) 文献，取 K 值为文本数量的四分之一，重建矩阵 $\{X_k\} = \{U_k\}\{S_k\}\{V_k^t\}$。此时，$\{U_k\}$ 为一个由 m 个词语 ×K 的矩阵；$\{S_k\}$ 为一个 K×K 的对角矩阵；$\{V_k^t\}$ 为一个 K×n 的矩阵。这三个矩阵的乘积就是降维后重建的 $\{X_k\}$ 矩阵。

（3）计算相似度。经过矩阵分解运算后，降维后的矩阵表征着译文与译文或者词语与词语之间的空间语义关系。桂诗春（2003：82）认为"夹角余弦值比相关系数更能表示相似性的程度"。译文之间相似度可以用向量之间的夹角余弦值表示，计算公式为：

$$\cos\theta = \frac{V_1 \cdot V_2}{\|V\|\|V_2\|}$$

SVD 值由 R 软件自动完成，Cos 值由 Matrix Ver. 1.4 中的 Vectangle 和 Cos 函数计算文本间的向量余弦值。

6.3　模型构建和验证流程

本研究是在王金铨（2008）基础上的后续研究，首先，增加了说明文和议论文两种文体，验证所提取的预测变量在不同文体中预测能力是否一致；其次，增加了不同比例训练集和验证集的模型构建，比较不同比例训练集所构建的评分模型的机器性能；第三，加大了不同比例模型构建的随机次数，验证评分模型的可靠性和稳定性。

评分模型的构建需要经历四个阶段：语料收集、人工评分、模型创建、模型验证。语料收集和人工评分在前期已经完成，在模型创建阶段，首先从译文中提取多个能够反映译作质量的形式和语义文本特征项作为自变量，运用 SPSS 软件分析文本特征项与人工评分之间的相关关系，确定模型所使用的预测因子。与人工评分之间存在显著相关性的文本特征项，都将作为预测因子进入多元回归分析，分别构建三种文体形式和语义评分模型。多元回归分析的结果是一个多元回归方程，该方程可以直接用于译文形式、语义自动评分。模型构建流程如图 6.2 所示：

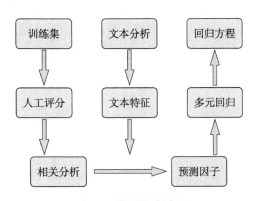

图 6.2　模型构建过程

在模型验证阶段，利用模型构建阶段所得到的统计模型，在 SPSS中计算验证集中待测译文得分，并将机器形式和语义预测得分与人工评分进行相关性分析，确定机器评分的信度（见图 6.3）。

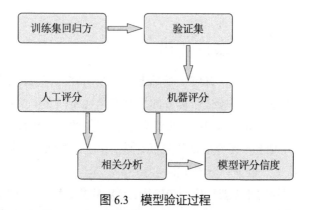

图 6.3　模型验证过程

6.4　小结

　　本章介绍了本研究中使用的自然语言处理工具，包括文本预处理工具、文本分析工具和数据分析工具，介绍了评分模型中形式、语义文本特征及其提取方法和过程，并对本研究的数据分析流程进行了概述。

第七章 文本特征与译文质量

确定译文质量预测因子是构建汉译英自动评分模型的关键，上文介绍了本研究拟提取的文本特征，包括形式和语义两类，分别考察译文的忠实和通顺。本章将重点考察这些文本特征与三种文体译文质量之间的关系，遴选进入模型构建过程的译文质量预测因子。

本章包含两大部分。7.1 考察文本形式特征与译文质量的关系。通过相关分析，提取进入多元回归分析的译文形式预测因子。7.2 考察文本语义特征与译文质量的关系。通过相关分析，提取进入多元回归分析的译文语义预测因子。这两部分的文本特征将应用于三种文体评分模型的构建。

7.1 不同文体文本形式特征与译文质量

本研究中与形式相关的文本特征分为三大类：与字词相关的形式特征、与句子相关的形式特征、与篇章相关的形式特征；包含五小类：流利度、词汇多样性、词频广度、词汇难度、词性分布、句子复杂度和语篇衔接，共计 42 个文本特征。本节将重点考察 42 个文本形式特征与译文质量之间的相关关系，以确定进入评分模型的形式预测因子。

表 7.1　文本形式特征

	流利度	形符
与字词有关的形式特征	词汇多样性	类符
		形符类符比

（待续）

（续表）

与字词有关的形式特征	词频广度	一级词汇形符数量
		一级词汇形符百分比
		一级词汇类符数量
		一级词汇类符百分比
		二级词汇形符数量
		二级词汇形符百分比
		二级词汇类符数量
		二级词汇类符百分比
		三级词汇形符数量
		三级词汇形符百分比
		三级词汇类符数量
		三级词汇类符百分比
		二、三级词汇形符数量
	词汇难度	平均词长
		词长标准差
	词性分布	数词数量
		冠词数量
		限定词数量
		名词数量
		动词数量
		形容词数量
		副词数量
		情态动词数量
		介词数量
		人称代词数量
		数词百分比
		冠词百分比

（待续）

（续表）

与字词有关的形式特征	词性分布	限定词百分比
		名词百分比
		动词百分比
		形容词百分比
		副词百分比
		指示词百分比
		介词百分比
		人称代词百分比
与句子有关的形式特征 句子复杂度		句子长度标准差
		句子数
		平均句长
与篇章相关的形式特征	语篇衔接	连接词语
	语篇连贯	代词密度
		相邻句间的词元重叠
		相邻句间的论元重叠
		相邻句间的同义名词重叠
		相邻句间的同义动词重叠
		相邻句间的 word2vec 相似度
		相邻句间的 LSA 余弦相似度
		相邻段间的词元重叠
		相邻段间的论元重叠
		相邻段间的同义名词重叠
		相邻段间的同义动词重叠
		相邻段间的 Word2vec 相似度
		相邻段间的 LSA 余弦相似度

7.1.1 字词相关的形式特征与不同文体译文形式质量的关系

7.1.1.1 流利度、词汇多样性与译文形式质量之间的关系

流利度指文字表达的流畅性，通常由单位时间内产出的形符数来表示。在本研究中，形符数就是译文所包含的字数，而译文的形符数受到原文的限制，一般在一定区间内波动，如果译文形符数过高则说明有增译的现象，过低则有漏译的可能。类符指文本中不同单词的数量，可以看出译者词汇的多样性。形符和类符可以通过 Wordsmith 词表功能获得。由于形符类符关系非常密切，所以在此一并介绍三种文体中流利度和词汇多样性与译文质量之间的相关数据。

表 7.2　流利度、词汇多样性与译文形式成绩之间的相关系数

文本特征		叙事文译文形式成绩	说明文译文形式成绩	议论文译文形式成绩
流利度	形符	-0.619**	-0.761**	-0.453**
词汇多样性	类符	-0.663**	-0.765**	-0.480**
	形符类符比	-0.622**	-0.617**	-0.347**

**. 相关性在 0.01 水平（双侧）上有显著意义

表 7.2 显示形符和类符与译文形式成绩相关性较强，三种文体中，说明文中的相关系数最高，分别达到 -0.761** 和 -0.765**。由于本研究中采用的形符、类符是待测译文与最佳译文集合的差值绝对值，因此这些数值都与译文的形式得分呈负相关，表明待测译文与最佳译文均值差距越大，译文质量越低。在梁茂成（2005：98）构建的作文评分系统中，形符和类符与作文成绩的相关系数分别为 0.288** 和 0.292**，这一方面表明形符和类符与翻译和作文的质量都存在着相关关系，但是形符和类符对翻译影响要远胜于作文，其原因可能是翻译的原文先天决定了译文的形符和类符数量。如果在一篇译文中，形符和类符数量与最佳译文集合中的均值差距大，那么该译文肯定漏译了原文的内容或者进行了增译，

译文质量必然受到影响。因此，形符、类符与翻译质量密切相关。以说明文训练集中的 1066.txt 为例：

<CE1>Nanjing Chemistry Factory has a history of 40 years. Once pointed to be a factory to produce toothpaste, no honored the award of advanced industry.

<CE2>There have been 600 workers in the factory, which contains more than 70 engineers who are professional in examine the facility with a whole control device.

<CE3>

<CE4>

<CE5>

<CE6>

该译文只翻译了原文的第一句和第二句，漏译了后面四句，形符数为 51，类符数为 40，与形符与最佳译文集合均值的差值为 164.08，类符的差值为 82.28，为所有说明文译文中与最佳译文集合差值最大的译文，形式成绩仅为 15.003。

形符类符比变量与译文形式成绩之间的相关性也比较强，叙事文最高，达到 -0.622**，其次为说明文，为 -0.617**，议论文最低，为 -0.347**。以说明文 3044.txt 为例，该译文的 TTR 值为 30.68，最佳译文集合的 TTR 均值为 69.5，与最佳译文的 TTR 差值达到了 38.82，此差值在所有说明文译文中最大，打开文本发现，说明文共六句原文，该译文只翻译了三句，且第三句翻译不完整。

7.1.1.2 词频广度与译文形式质量之间的关系

本研究中的词频广度指标主要包括 Range 中的一、二、三级词汇形符、类符数量及其百分比，通过 Range 软件检索，并由自编程序从 Range 结果文件中自动提取完成。

表 7.3 词频广度与译文形式成绩之间的相关系数

文本特征		叙事文译文 形式成绩	说明文译文 形式成绩	议论文译文 形式成绩
词频广度	一级词汇形符 数量	0.529**	0.672**	0.431**
	一级词汇形符 百分比	-0.187**	0.151**	0.251**
	一级词汇类符 数量	0.570**	0.667**	0.444**
	一级词汇类符 百分比	-0.317**	-0.058	0.220**
	二级词汇形符 数量	0.512**	0.379**	0.227**
	二级词汇形符 百分比	0.144*	0.168**	0.055
	二级词汇类符 数量	0.543**	0.419**	0.242**
	二级词汇类符 百分比	0.335**	0.239**	0.119
	三级词汇形符 数量	0.363**	0.549**	0.318**
	三级词汇形符 百分比	0.306**	0.153**	0.216**
	三级词汇类符 数量	0.342**	0.530**	0.336**
	三级词汇类符 百分比	0.279**	0.229**	0.277**
	二、三级词汇 形符数量	0.555**	0.612**	0.340**

**. 相关性在 0.01 水平（双侧）上有显著意义

　　从 Range 中提取的一、二、三级词汇的形符与类符数量和百分比与各文体译文形式成绩的相关关系如表 7.3 所示，与词汇形符、类符百分比相比较，词汇形符、类符数量与译文成绩关系更为密切，说明文中一级词汇形符数量与译文形式成绩相关系数最高，达到 0.672**，一级词汇类符数量与译文形式成绩相关系数为 0.667**。

　　按照文体来看，叙事文、说明文中所有文本特征均与译文形式成绩具有相关性，议论文中除二级词汇形符百分比和二级词汇类符百分比，其余文本变量都与译文形式成绩具有相关性。从总体来看，一级词汇形符、类符数量与译文形式成绩之间的相关系数最高，均在 0.4 以上；二级词汇形符、类符数与译文形式成绩之间的相关系数在叙事文中高于三级词汇形符、类符数量。而在说明文和议论文中，三级词汇形符、类符数与译文形式成绩之间的相关系数高于二级词汇形符、类符数量，表明在翻译中并非高级别词汇使用越多，成绩就越高，译文词汇的选择受到原文的限制，与原文有一定的关联。

7.1.1.3　词汇难度与篇章译文形式质量之间的关系

　　词汇难度包括平均词长和词长标准差两个变量。本研究采用两种步骤获取这两个变量的数值：（1）通过 WordSmith 软件中的 Wordlist 功能提取原始变量数据；（2）将原始变量值与最佳译文中该变量均值相减取绝对值，得到每篇译文与最佳译文均值之间的绝对差值。

表 7.4　词汇难度与译文形式成绩之间的相关系数

	叙事文译文 形式成绩	说明文译文 形式成绩	议论文译文 形式成绩
平均词长	-0.167**	-0.045	0.041
词长标准差	-0.441**	-0.217*	0.006

*.相关性在 0.05 水平（双侧）上有显著意义

　　表 7.4 显示平均词长和词长标准差与译文形式成绩存在一定的相关关系。Page（1968）、Slotnick（1972）、Carlson（1988）、梁茂成（2005）的研究均报告这两个词汇形态变量与作文成绩之间存在显著的相关关系。由于本研究采用的变量数值是与最佳译文均值的绝对差值，与均值差距越大，译文质量应该越低，所以相关系数均为负值。在叙事文中，这两

个变量都与译文形式成绩具有相关关系，且具有统计意义（p＜0.05），平均词长与叙事文译文形式成绩之间的相关系数为 0.167**，词长标准差与译文成绩之间的相关系数为 0.441**。但在说明文中，只有词长标准差与译文形式成绩呈现弱相关，相关系数为 -0.217**。在议论文中，这两个变量与译文形式成绩不存在相关关系，这个结果与作文自动评分中的结果不太一致。

本研究结果与作文自动评分系统数据相比，平均词长与译文成绩的相关系数要低于与作文成绩的相关系数，在某些译文篇章中，如本研究中的说明文和议论文，甚至不存在相关关系。可能的原因是写作时用的长词、难词越多，得到的分数越高，而在翻译中，词汇并非越长越好，越难越好。

词长标准差是经过标准化的数值，是每篇译文或作文中每个单词长度与单词平均长度的标准差值。翻译和作文都有各自的单词长度阈值，词长标准差的结果表明翻译和作文对单词长度的要求区别不甚明显。

本研究结果表明，在译文中，平均词长和词长标准差与译文形式质量有一定相关关系，但是在翻译中更重要的是意义的传达，只要能正确传达原文意义，词汇长短不是决定译文质量的重要因素。

7.1.1.4 词性分布与译文形式质量之间的关系

本研究考察的词性有十类：冠词、限定词、数词、名词、动词、形容词、副词、情态动词、介词、人称代词。变量统计时分为两类：原始词性频率和经过标准化的词性频率，即用译文中词性标记的数量除以译文形符数，得到每篇译文不同词性标记的百分比，分别为冠词百分比、限定词百分比、数词百分比、名词百分比、动词百分比、形容词百分比、副词百分比、情态动词百分比、介词百分比、人称代词百分比。在这几个词类中，名词、动词、形容词是实词，是文本中最常见的词性，通常包含了原文的重要信息。其他词类都是虚词，在英语中出现的频率比较高。本研究通过分析词性标记及其百分比与译文形式成绩之间的相关关系，获得更多的文本变量，从多个角度考察各变量对译文成绩的贡献值。

表 7.5 词性数量及其百分比与译文形式成绩之间的相关系数

	叙事文译文形式成绩	说明文译文形式成绩	议论文译文形式成绩
数词数量	0.233**	0.496**	0.169**
冠词数量	0.281**	0.533**	0.175**
限定词数量	0.169**	0.309**	0.133*
名词数量	0.545**	0.656**	0.326**
动词数量	0.358**	0.564**	0.340**
形容词数量	0.501**	0.533**	0.188**
副词数量	0.502**	0.290**	0.263**
情态动词数量	0.192**	0.125*	0.088
介词数量	0.375**	0.567**	0.236**
人称代词数量	0.231**	0.103	0.239**
数词百分比	0.136*	-0.514**	0.169**
冠词百分比	0.004	0.007	0.175
限定词百分比	0.020	0.034	0.133*
名词百分比	-0.043	-0.052	0.326**
动词百分比	-0.291**	-0.101	0.340**
形容词百分比	0.175**	-0.037	0.188**
副词百分比	0.248**	-0.049	0.263**
情态动词百分比	0.029	0.078	0.088
介词百分比	0.115*	0.232**	0.236**
人称代词百分比	0.037	-0.214**	0.239**

**.相关性在 0.01 水平（双侧）上有显著意义

表 7.5 显示，在三种文体中，词性数量与译文形式成绩之间的相关性比较密切，在叙事文中，所有提取的词性变量都与译文形式成绩呈现相关关系；在说明文中，除了人称代词数量，其余变量都与译文形式成绩相关；在议论文中，仅情态动词数量不相关。比较而言，名词、动词、形容词等实词数量与译文形式成绩相关系数更高。

与词性数量相比，词性百分比的相关程度略低一些。在叙事文中，数词百分比、动词百分比、形容词百分比、副词百分比、介词百分比与译文形式成绩的相关系数有统计意义，分别为 0.136*、-0.291**、0.175*、0.248** 和 0.115*。在说明文中，只有数词百分比、介词百分比和人称代词百分比与译文形式成绩呈现相关关系。在议论文中，除了冠词百分比和情态动词百分比与译文形式成绩不相关，其余词性百分比都与译文形式成绩相关。有趣的是，在说明文中，数词数量与译文形式成绩之间的相关系数为 0.496**，而数词百分比的相关系数为 -0.514**，两个变量呈现了截然相反的相关关系，第一个数据表明数词绝对数量越多则译文形式成绩越高，而第二个数据说明数词在译文中单位数量占比越高则分数越低。由于每篇译文字符数不等，如果篇幅较短的译文所包含的数词数量多，即数词数量在译文中所占词性比例大，则译文成绩越低。以说明文 3017.TXT 为例，该译文的形式成绩为 20.004，形符数为 44，数词数量为 5，数词百分比为 0.113636，而形式成绩得分最高的 2035.TXT，形符数为 222，数词数量为 9，数词百分仅比为 0.040541。从绝对数量来看，数词数量越多，分数越高；而从百分比来看，数词百分比越高，则形式得分越低，表明这两个变量测量了译文形式质量的不同方面。

从数据来看，词性数量在三种文体中的表现都不错，词性百分比在议论文中表现最好，其次为叙事文，说明文中表现最差。动词百分比与叙事文译文成绩呈负相关，r = -0.291**，而在议论文中与译文成绩呈正相关，r = 0.340**。由于该百分比是动词数量与译文形符数的比率，译文形符数实际上等于所有词性标记的数量，因此动词百分比可以看作是动词占所有词性标记的百分比。叙事文统计结果显示动词比例越大，译文成绩越低，原因可能是译文得分低的学生存在滥用动词的现象。在议论文中，动词使用情况较好，结果显示动词使用越多，成绩越好。

Doughlas et al.（2000: 538）指出"副词通常在分句中修饰形容词或别的副词"，表明形容词和副词的结伴频率要高。表 7.5 显示在叙事文和议论文中形容词百分比和副词百分比与译文形式成绩之间呈现正相关，表明这两类词在词性标记中所占比重越大，译文成绩会相对提高。在本研究使用的叙事文和说明文中，形容词和副词出现频率稍高，可能也会提高该类变量的成绩区分度。James（1918: 154）认为介词能够较为明确地"表达名词和代词之间的关系"，是译文中不可或缺的重要组成部分。在表 7.5 中，介词数量及其百分比与叙事文、说明文和议论文译文形式成绩之间均呈现明确的正相关关系，验证了介词的重要性。由于每篇译文的形符数量不等，含有词性的数量也不等，且译文中词性出现的频率与原文相关，因而这一百分比是动态的，只表示一种趋势。

7.1.2 与句子相关的形式特征和篇章译文形式质量的关系

与句子有关的形式特征只有一类，即句子复杂度，包含三个变量：句子长度标准差、句子数和平均句长。

本研究中使用的句子长度标准差和句子数都是通过 WordSmith 的 Wordlist 功能直接提取后计算与最佳译文集合差值的绝对值。本研究使用的三个句子复杂度变量与三种文体译文形式成绩之间的相关关系如下：

表 7.6 句子复杂度与译文形式成绩之间的相关系数

	叙事文译文 形式成绩	说明文译文 形式成绩	议论文译文 形式成绩
句子长度标准差	-0.068	-0.230**	-0.116
句子数	-0.458**	-0.503**	-0.498**
平均句长	0.013	-0.170**	0.188**

**. 相关性在 0.01 水平（双侧）上有显著意义

表 7.6 显示，在三种文体中，句子数均与译文形式成绩呈现负相关关系，且相关系数均在 -0.45 以上，为三个变量中相关系数最高的变量，表明句子数目与译文质量之间的关系比较密切。因为本研究中使用的句子长度标准差、平均句长和句子数数值均为与最佳译文均值的差值绝对值，说明句子数目与最佳译文均值差距越大，译文的成绩越低，句子数如果低于最佳译文均值过多，表明译文漏译了原文中相关信息，而句子

数目超过均值也会对译文成绩产生影响。句子长度标准差只与说明文译文形式成绩呈现正相关，平均句长与说明文和议论文形式成绩均有相关关系。

以叙事文为例，最佳译文集合的句子数均值是 13.48，表明 9 句原文译为英文时最佳的句子数为 13.48。在待测译文中，与最佳译文集合均值差距最大的是第一篇译文，为 11.48，该译文仅翻译出了 2 句原文。在形式成绩最高的第 123 篇译文中，该项差值仅为 0.48，表明该变量的预测作用较强。

这三个变量在说明文中表现最好，均呈现相关关系；在议论文中表现次之，只有句子数和平均句长呈现相关关系；在叙事文中，只有句子数具有相关关系。

7.1.3 与篇章相关的形式特征和篇章译文形式质量的关系

与篇章相关的形式特征包含语篇衔接和语篇连贯两个维度。语篇衔接层面相关变量只有连接词语一类，Le & Abeysinghe（2003: 103）指出虽然连接词语并不是"文本连贯的唯一原因，选择它们只是出于效率和方便的考虑"。本研究也是出于可量化的原因选择连接词语作为考察语篇连贯的标准。本研究采用的连接词来自 Halliday & Hasan（1976）以及文献上列出的连接词语，包含过渡词语 266 个，分类如下：

表 7.7 连接词语分类表（分类摘录自 http://www.studygs.net/wrtstr6.htm）

添加 Addition	重述 Restatement
因果 Consequence	对照比较 Contrast and Comparison
归纳 Generalizing	顺序 Sequence
示例 Exemplifying	总结 Summarizing
强调 Emphasis	转移 Diversion
类似 Similarity	方向 Direction
排除 Exception	

连接词语列表建成后，运用自行编写的 Perl 程序对所有译文进行检索并用 SPSS 进行相关分析，数据显示连接词语与译文成绩呈正相关的关系。

表 7.8　连接词语与译文形式成绩之间的相关系数

	叙事文译文 形式成绩	说明文译文 形式成绩	议论文译文 形式成绩
连接词语	0.496**	0.555**	0.283**

**.相关性在 0.01 水平（双侧）上有显著意义

在叙事文中相关系数为 0.496**，说明文中为 0.555**，议论文中为 0.283**，表明在翻译中语篇衔接手段使用越多，成绩也就越高。梁茂成（2005：126）也得出类似的结论，语篇连接词（Discourse Conjuncts）与作文成绩之间的相关系数为 0.512**。柯飞（2005：307）指出，"汉译英时会比英译汉时更多地呈现形式上的'显化'"，显化的结果就是过渡词语形式化"。在汉语中潜藏的逻辑关系译为英语时会不同程度地将连接词语显化，因此英文译文中的连接词语数量会高于汉语原文。

语篇连贯层面包含局部连贯、整体连贯和篇章连贯三类变量。本研究利用文本连贯性自动分析软件，依据研究实际需求，在自动分析软件所提供的 194 个变量中共筛选出 13 个量化测量变量。与局部连贯性相关的变量有相邻句间的词元重叠、论元重叠、同义名词重叠、同义动词重叠、Word2vec 相似度、LSA 余弦相似度等 6 个变量；与整体连贯性相关的变量有相邻段间的词元重叠、论元重叠、同义名词重叠、同义动词重叠、Word2vec 相似度、LSA 余弦相似度等 6 个变量；与篇章连贯性相关的变量仅有一个，为代词密度。13 个与语篇连贯相关的变量与译文形式成绩相关系数如下表所示：

表 7.9　语篇连贯与译文形式成绩之间的相关系数

	叙事文译文 形式成绩	说明文译文 形式成绩	议论文译文 形式成绩
代词密度	-0.044	-0.246**	-0.268**
相邻句间的词元重叠	-0.205**	-0.173**	-0.279**
相邻句间的论元重叠	-0.294**	-0.272**	-0.047
相邻句间的同义名词重叠	-0.233**	-0.216**	-0.031
相邻句间的同义动词重叠	-0.019	-0.078	-0.116
相邻句间的 Word2vec 相似度	-0.280**	-0.508**	-0.323**
相邻句间的 LSA 余弦相似度	-0.213**	-0.257**	-0.168**
相邻段间的词元重叠	-0.319**	-0.317**	-0.324**
相邻段间的论元重叠	-0.363**	-0.205**	-0.154*
相邻段间的同义名词重叠	-0.212**	-0.265**	-0.164*
相邻段间的同义动词重叠	-0.022	0.097	-0.001
相邻段间的 Word2vec 相似度	-0.330**	-0.548**	-0.193**
相邻段间的 LSA 余弦相似度	-0.276**	-0.184**	-0.143*

**.相关性在 0.01 水平（双侧）上有显著意义
*.相关性在 0.05 级别（双侧）上有显著意义

　　如表 7.9 所示，13 个与语篇连贯相关的变量与三种文体译文形式成绩之间的相关性表现不一，主要表现为负相关性。该结果与 Crossley 和 McNamara（2012）的研究结果一致，他们使用文本自动分析工具 Coh-Metrix 对我国香港地区高中生的二语写作文本进行分析，考察文本连贯性对二语写作的预测力。研究发现，局部内容词重叠、局部语义相似度等局部连贯性指标与二语写作质量呈现负相关。

　　从不同维度的语篇连贯性来看，整体连贯表现最佳，对译文形式质量预测效果较好，局部连贯性其次，篇章连贯性表现不理想。在篇章连贯维度，代词密度与说明文和议论文译文形式成绩表现负相关性，其相关系数差距较小，分别为 -0.246** 与 -0.268**，叙事文译文形式成绩与代词密度不具有相关性。赵琪源（2022）研究发现，代词密度与写作不相关，本研究结果与其基本一致，而两者研究对象的不同及翻译源文本文体的不同是导致本研究与赵琪源的研究出现部分差异的原因。此外，在作为一种衔接手段时，代词具有较为明显的口语色彩（Biber, 1988），在使得文本连贯的同时对文本的规范性造成了一定的影响。因此，结合具体数据来看，代词密度并不能较好预测译文形式质量。

在局部连贯维度，6 个变量中有 3 个变量与三种文体译文形式成绩具有相关性，其中表现最好的为相邻句间的 Word2vec 相似度，最高为说明文译文形式成绩与该变量相关性，r=-0.508**，议论文其次，叙事文最低。在整体连贯维度，共有 5 个变量与三种文体译文形式成绩均具有相关性。仔细分析不同变量可以发现，语义重叠与词元重叠相关变量对三种文体译文形式成绩均预测效果较好，与译文形式质量相关性较高排名前三的变量分别为相邻段间的 Word2vec 相似度（三种文体相关性由高至低分别为说明文 -0.548**、叙事文 -0.330**、议论文 -0.193**）、相邻句间的 Word2vec 相似度（三种文体相关性由高至低分别为说明文 -0.508**、议论文 -0.323**、说明文 -0.280**）、相邻段间的词元重叠（三种文体相关性由高至低分别为议论文 -0.324**、叙事文 -0.319**、说明文 -0.317*）。

从不同文体来看，语篇连贯相关变量对三种文体译文形式成绩预测效果均比较理想。其中，与说明文译文形式成绩具有相关性的变量数量最多，共有 11 个，相邻段间的 Word2vec 相似度与其相关性最高，r=-0.548**；其次为与叙事文译文形式成绩具有相关性的变量数量，共有 10 个，相邻段间的论元重叠与其相关性最高，r=-0.363**；与议论文译文形式成绩具有相关性的变量数量最少，共有 9 个，相邻段间的词元重叠与其相关性最高，r=-0.324**。

7.2　文本语义特征与译文语义质量的关系

本研究中提取的文本语义特征有三个：1—4 元组、SVD 和语义点，本节主要报告三类文体中文本语义特征与译文质量之间的相关关系。

（1）1—4元组与译文语义质量的关系

在机器译文评价系统中，N元组是评价译文的重要指标，该指标在"评测机器翻译译文方面表现良好"（Papineni & Roukos 2002: 311-318）。本研究借鉴了机器译文评价系统中的N元组指标，用来评价人工译文的语义质量。与机器翻译评测有所不同的是，本研究使用的1—4元组是从最佳译文集合中提取的频次在2次以上（包括2次）的1—4元组，并使用这些N元组到待测译文中检索每篇译文所包含的相同N元组的数量，且不计重复数。本研究不仅考察1—4元组数量与译文成绩之间的关系，还考察1—4元组百分比与译文成绩之间的关系，N元组百分比和N元组数量在建立回归方程时都作为自变量进入多元回归分析，由分析结果决定最终进入方程的预测变量。统计结果如下：

表7.10　N元组数量及百分比与译文语义成绩之间的相关系数

	叙事文译文成绩	说明文译文成绩	议论文译文成绩
一元组数量	0.821**	0.844**	0.831**
二元组数量	0.772**	0.824**	0.797**
三元组数量	0.689**	0.733**	0.721**
四元组数量	0.626**	0.626**	0.676**
三、四元组数量	0.670**	0.699**	0.708**
一元组百分比	0.348**	0.275**	0.614**
二元组百分比	0.540**	0.600**	0.668**
三元组百分比	0.544**	0.551**	0.658**
四元组百分比	0.539**	0.519**	0.639**
三、四元组百分比	0.548**	0.545**	0.639**

**. 相关性在0.01水平（双侧）上有显著意义

表7.10显示N元组变量与三种文体译文语义成绩之间的相关系数都比较高，且都具有统计意义。在三种文体中，一元组数量与译文成绩之间的相关系数最高，均在0.80以上，其中说明文—元组与译文成绩之间的相关系数为0.844**，为所有N元组变量中与语义成绩相关最高的变

量。N 元组百分比与译文语义质量相关性也比较高，相关系数最低为说明文中一元组百分比，为 0.275**，最高为议论文中的二元组百分比，为 0.668**，相关分析显示 N 元组语义变量对译文语义成绩的预测力普遍较强。

（2）SVD 值与译文语义质量的关系

潜在语义分析 SVD 值对于语义内容的分析作用早已证实。IEA（Intelligent Essay Assessor）作文评分系统中使用了 SVD 方法测量作文语义内容（Valenti et al. 2003: 321）。梁茂成（2005）构建的作文评分模型也使用了 SVD 作为内容分析的一项重要技术手段，修正 SVD 计算方法后，SVD 值与作文成绩之间的相关系数达到了 0.60**。本研究借鉴作文自动评分系统的成功经验，运用 SVD 测量汉译英语义内容的相似度，为去除译文中的噪音，计算 SVD 值前对译文进行了词形还原，经过矩阵运算，得到向量夹角的余弦值，统计结果如下：

表 7.11　SVD 值与译文语义成绩之间的相关系数

	叙事文译文成绩	说明文译文成绩	议论文译文成绩
SVD 值	0.690**	0.710**	0.483**

**. 相关性在 0.01 水平（双侧）上有显著意义

表 7.11 显示 SVD 值对三种文体语义内容的预测力都比较强，其中说明文达到 0.710**，议论文稍弱，相关系数为 0.483**。潜在语义分析通过降维构造语义空间，挖掘文档内部的潜藏意义，而翻译就是意义的转换，一篇原文可以产生无数篇译文，这些译文以原文为纽带，形成了无数个语义空间近似的文本。当 SVD 把同现词条映射到同一维空间上时，译文之间的相似度就比较容易计算了。从这点来看，SVD 在译文中的测量作用和预测作用要超过作文。

（3）语义点数量与译文语义质量的关系

本研究所使用的语义点来自人工评分的语义评分标准，与译文语义质量关系密切。将人工评分语义点作为评价译文语义质量的指标，一方面可以大大增强译文评分系统的准确率和召回率，另一方面可以很好地训练译文评分系统，使机器明白什么语义点可以给分，什么不可以给分，从而提高机器评分与人工评分之间的一致性。

本研究在提取语义点前对译文进行了词形还原，且计数方式与 N 元组相同，在同一篇译文中不重复计数。语义点数量是通过自编程序结合语义点字典完成的。统计结果如下：

表 7.12　语义点数量与译文语义成绩之间的相关系数

	叙事文译文成绩	说明文译文成绩	议论文译文成绩
语义点	0.841**	0.870**	0.760**

**.相关性在 0.01 水平（双侧）上有显著意义

语义点与篇章译文成绩之间的相关系数分别为 0.841**（叙事文）、0.870**（说明文）、0.760**（议论文），是本研究中迄今为止与译文成绩相关系数最高的变量。

纵观三种文体语义特征与译文质量之间的相关关系可以发现，语义特征对译文成绩的预测力比较强，远高于形式特征对译文成绩的贡献率，符合"翻译即译意"的准则，找到了译文语义评价的正确方法，就能够保证译文评分系统的性能和稳定性。

7.3　小结

本章对三种文体译文中的形式和语义文本特征进行了系统的比较与研究，尝试找出对不同文体译文成绩有较强预测力的变量。下表列出了67 个与译文成绩相关的文本形式和语义特征，其中 55 个为形式特征，12个为语义特征，译文评分系统中的大部分预测因子都是来自下表中的 67个文本特征。

表 7.13　与译文成绩相关的文本形式、语义特征

与译文质量相关特征		类别	预测变量	叙事文相关系数	说明文相关系数	议论文相关系数
形式特征	与字词相关的形式特征	流利度	形符	-0.619**	-0.761**	-0.453**
		词汇多样性	类符	-0.663**	-0.765**	-0.480**
			形符类符比	-0.622**	-0.617**	-0.347**
		词频广度	一级词汇形符数量	0.529**	0.672**	0.431**
			一级词汇形符百分比	-0.187**	0.151**	0.251
			一级词汇类符数量	0.570**	0.667**	0.444**
			一级词汇类符百分比	-0.317**	-0.058	0.220**
			二级词汇形符数量	0.512**	0.379**	0.227**
			二级词汇形符百分比	0.144*	0.168**	0.055
			二级词汇类符数量	0.543**	0.419**	0.242**
			二级词汇类符百分比	0.335**	0.239**	0.119
			三级词汇形符数量	0.363**	0.549**	0.318**
			三级词汇形符百分比	0.306**	0.153**	0.216**
			三级词汇类符数量	0.342**	0.530**	0.336**
			三级词汇类符百分比	0.279**	0.229**	0.277**
			二、三级词汇形符数量	0.555**	0.612**	0.340**

（待续）

（续表）

与译文质量相关特征	类别	预测变量	叙事文相关系数	说明文相关系数	议论文相关系数
形式特征	与字词相关的形式特征	词汇难度 — 平均词长	-0.167**	-0.045	0.041
		词长标准差	-0.441**	-0.217*	0.006
		词性分布 — 数词数量	0.233**	0.496**	0.169**
		冠词数量	0.281**	0.533**	0.175**
		限定词数量	0.169**	0.309**	0.133*
		名词数量	0.545**	0.656**	0.326**
		动词数量	0.358**	0.564**	0.340**
		形容词数量	0.501**	0.533**	0.188**
		副词数量	0.502**	0.290**	0.263**
		情态动词数量	0.192**	0.125*	0.088
		介词数量	0.375**	0.567**	0.236**
		人称代词数量	0.231**	0.103	0.239**
		数词百分比	0.136*	-0.514**	0.169**
		冠词百分比	0.004	0.007	0.175
		限定词百分比	0.020	0.034	0.133*
		名词百分比	-0.043	-0.052	0.326**
		动词百分比	-0.291**	-0.101	0.340**
		形容词百分比	0.175**	-0.037	0.188**
		副词百分比	0.248**	-0.049	0.263**
		指示词百分比	0.022	0.034	0.133*
		介词百分比	0.029	0.078	0.088
		人称代词百分比	0.115*	0.232**	0.236**

（待续）

（续表）

与译文质量相关特征	类别	预测变量	叙事文相关系数	说明文相关系数	议论文相关系数
形式特征	与句子相关的形式特征	句子复杂度	句子长度标准差	-0.068	-0.230**	-0.116
			句子数	-0.458**	-0.503**	-0.498**
			平均句长	0.013	-0.170**	0.188**
	与篇章相关的形式特征	语篇衔接	过渡词语	0.496**	0.555**	0.283**
		语篇连贯	代词密度	-0.044	-0.246**	-0.268**
			相邻句间的词元重叠	-0.205**	-0.173**	-0.279**
			相邻句间的论元重叠	-0.294**	-0.272**	-0.047
			相邻句间的同义名词重叠	-0.233**	-0.216**	-0.031
			相邻句间的同义动词重叠	-0.019	-0.078	-0.116
			相邻句间的Word2vec相似度	-0.280**	-0.508**	-0.323**
			相邻句间的LSA余弦相似度	-0.213**	-0.257**	-0.168**
			相邻段间的词元重叠	-0.319**	-0.317**	-0.324**
			相邻段间的论元重叠	-0.363**	-0.205**	-0.154*
			相邻段间的同义名词重叠	-0.212**	-0.265**	-0.164*
			相邻段间的同义动词重叠	-0.022	0.097	-0.001

（待续）

（续表）

与译文质量相关特征	类别	预测变量	叙事文相关系数	说明文相关系数	议论文相关系数
形式特征	与篇章相关的形式特征	语篇连贯	相邻段间的Word2vec相似度	-0.330**	-0.548**	-0.193**
			相邻段间的LSA余弦相似度	-0.276**	-0.184**	-0.143*
语义特征		一元组数量	0.821**	0.844**	0.831**
		二元组数量	0.772**	0.824**	0.797**
		三元组数量	0.689**	0.733**	0.721**
		四元组数量	0.626**	0.626**	0.676**
		三、四元组数量	0.670**	0.699**	0.708**
		一元组百分比	0.348**	0.275**	0.614**
		二元组百分比	0.540**	0.600**	0.668**
		三元组百分比	0.544**	0.551**	0.658**
		四元组百分比	0.539**	0.519**	0.639**
		三、四元组百分比	0.548**	0.545**	0.639**
		SVD值	0.690**	0.710**	0.483**
		语义点	0.841**	0.870**	0.760**

**.相关性在0.01水平（双侧）上有显著意义
*.相关性在0.05级别（双侧）上有显著意义

表7.13汇总了与不同文体译文质量呈现相关关系的文本变量及其相关系数，这些变量都将作为预测变量进入中国学生汉译英自动评分模型的构建过程。本研究文本特征及其提取方法的特点总结如下：

（1）本研究文本特征广泛参考了现有作文和翻译自动评分系统中的变量，如形符、类符、Range词表词汇、平均词长、词性、连接词语、N

元组等。统计结果显示，这些变量在对不同文体汉译英译文质量预测时同样有效。

（2）为了适应译文评分系统的需要，更加准确地把握译文质量，本研究对某些变量的提取方法进行了改进，如在形符、类符、句子数、平均句长等变量中加入最佳译文均值，通过比较待测译文与最佳译文的差值衡量待测译文的质量。

（3）本研究的 SVD 和语义点变量提取时都对文本进行了词形还原，尽量减少文本中的噪音，提高译文质量的预测能力。N 元组和 SVD 都使用了最佳译文集合作为评判标准，通过与最佳译文集合的比较测量待测译文的质量。语义点来自人工评分时所用的语义评分标准，使机器评分尽可能模拟人工评分，提高机器评分性能。

（4）译文形式方面有七类预测变量：流利度、词汇多样性、词频广度、词汇难度、词性分布、句子复杂度、语篇衔接和语篇连贯，结果显示这些变量在三种文体中都能很好地预测译文形式方面的质量。

（5）在语义变量中，N 元组变量已被机器译文评价系统证明是有效变量，然而机器译文评价系统只是单纯地用参考译文中所有 N 元组与待测译文进行比较，信息重点不突出。本研究通过建立最佳译文集合，从中提取频次大于 2 次（包含 2 次）的 N 元组形成字典，考察待测译文的语义质量。统计结果显示 N 元组能够很好地预测译文语义质量，一元组效果最佳，最低为叙事文中的一元组，与译文语义质量的相关系数为 0.821**。

SVD 变量以最佳译文集合作为评判标准，在文本 / 词语矩阵中计算待测译文与最佳译文集合的向量夹角余弦值，从而得到待测译文与最佳译文集合的语义相似度。统计结果显示 SVD 变量在三种文体中都有良好的表现，在说明文中的预测能力最强，达到 0.710**；议论文稍弱，为 0.483**。

语义点数量在语义变量中的预测能力与一元组相仿，在叙事文和说明文中预测能力最高，达到 0.841** 和 0.870**；议论文中稍低，为 0.760**，达到了很好的预测效果。

综合各项统计数据，本研究确定的文本形式和语义变量在三种文体中都能从不同维度很好地解释译文质量，语义变量的解释力普遍高于形式变量，符合翻译中语义权重大于形式的常理。研究结果显示，尽管与译文成绩相关系数高的文本特征很重要，但是也"不能忽视低相关的变量，因为它们具有潜在的预测力，也很重要"（Bruce 2003: 106）。

第八章 三种文体汉译英测试自动评分模型构建与比较

本章的重点是回答第二和第三个研究问题。研究问题二：译文质量预测因子构建的模型在不同文体中的预测能力如何？汉译英自动评分系统的评分信度能否达到语言测试的要求？研究问题三：汉译英自动评分系统对不同文体译文进行评分时是否具有同等效果？训练集译文的最低样本量至少应该达到多少？

本研究的最终目的是构建信度高、效度好、性能稳定、能够应用于大规模汉译英训练和大规模测试的翻译自动评分系统。在翻译质量评估一章中，本研究确定从翻译的"信"和"达"两个方面衡量译文质量，与此相应，研究者制定了详细的语义和形式评分标准，并从这两个方面对三种文体的译文进行了细致的人工评分。在本章建模时也按照语义和形式的分类分别构建语义评分模型和形式评分模型。本章包括三个部分：（1）按照三种文体的顺序分别建立叙事文语义和形式评分模型、说明文语义和形式评分模型和议论文语义和形式评分模型；（2）利用构建的评分模型为验证集中的译文自动评分，考察评分模型的信度和效度；（3）比较三种文体汉译英自动评分系统的性能和效果。

王金铨（2008）研究做了 30：270，50：250，100：200，150：150四种比例训练集的选拔性测试评分模型，研究结果表明 100 篇训练集和150 篇训练集模型评分表现都很好，从提高人工评分效率考虑，以 100 篇训练集构建的评分模型较为符合大规模测试自动评分系统的需要。本研究建模时，根据王金铨（2008）的研究结果，以 100 篇训练集为基准，每档增加 10 篇，直至训练集篇数达到译文总篇数的二分之一，每个训练集比例进行 5 次随机抽样，验证模型的可靠性和稳定性。本研究将构建叙事文形式、语义评分模型 60 个，说明文形式、语义评分模型 80 个，议论文形式、语义评分模型 40 个。

8.1 汉译英叙事文测试评分模型的构建

评分模型的构建直接关系到评分系统的性能和有效性，本研究采用逐步回归（Stepwise）分析方法，以语义或形式成绩为因变量，译文质量预测因子为自变量，进行回归分析，通过反复尝试，创建语义和形式自动评分模型，最终确定进入回归方程的变量和相应权重系数。

叙事文共计 300 篇，随机分组时，训练集从 100 篇为起点，10 篇为一档，直至训练集达到 150 篇，通过逐步回归的方法，按比例构建叙事文评分模型，并以此模型为验证集中的译文赋分。叙事文评分模型构建信息如下：

表 8.1 叙事文评分模型构建信息

训练集	验证集	次数
100 篇	200 篇	5
110 篇	190 篇	5
120 篇	180 篇	5
130 篇	170 篇	5
140 篇	160 篇	5
150 篇	150 篇	5

从表 8.1 可以看出，叙事文共建立了六种比例的形式和语义评分模型，每种比例模型的译文随机抽取 5 次，总计 60 个评分模型。本研究通过多次随机抽取译文文本的方法，验证模型的可靠性和稳定性。

本研究首先创建训练集和验证集比例为 100 : 200 的评分模型，即以 100 篇译文为训练集创建评分模型，然后为 200 篇验证集自动评分，考察机器评分与人工评分之间的相关性。在 SPSS 多元回归分析窗口，以译文形式成绩为因变量，与篇章译文形式成绩相关的预测变量为自变量进行逐步回归分析。本研究在模型构建时遵循了如下几点原则：

（1）保证进入回归方程的变量与译文成绩呈现相关关系。

（2）剔除负抑制变量，保证模型稳定性。负抑制变量是指与因变量有正相关关系，但是在回归方程中 ß 值为负的自变量（Darlington 1968）。

（3）消除评分模型中容易出现的共线性问题。共线性问题会"使得标准误升高，变量估计出错，进而降低模型的稳定性和预测力"（Kidwell & Brown 1982，转引自 Walker 2003: 127）。处理原则如下：

• 如果最大的方差膨胀系数（VIF）大于 10，则需关注共线性问题（Myers 1990；Bowerman & O'Connell 1990）。

• 如果方差膨胀系数（VIF）均值远远大于 1，则回归方程有共线性问题（Bowerman & O'Connell 1990）。

• 容忍度（Tolerance）低于 0.1 则表示共线性非常严重（Meyers et al. 2005: 212）。

• 容忍度（Tolerance）低于 0.2 表示有潜在的共线性问题（Menard 1995）。

本研究按照形式和语义两个模块分别构建汉译英自动评分模型，本节按照上述建模原则构建六种比例的叙事文形式评分模型和语义评分模型，每个比例随机重复五次，共计创建了 60 个评分模型。数据结果汇报如下：

表 8.2　叙事文 100：200 形式评分模型（比例一）

随机次数	R	R Square	Adjusted R Square	Std Error of the Estimate
1	0.881	0.776	0.761	5.79334
2	0.901	0.811	0.797	5.54964
3	0.759	0.576	0.551	6.20919
4	0.802	0.644	0.623	7.46340
5	0.755	0.569	0.544	6.69065
均值	0.820	0.675	0.655	6.341244

表 8.3　叙事文 100∶200 语义评分模型（比例一）

随机次数	R	R Square	Adjusted R Square	Std Error of the Estimate
1	0.912	0.832	0.827	4.56179
2	0.936	0.875	0.870	3.88042
3	0.816	0.665	0.655	4.19733
4	0.875	0.766	0.759	4.74484
5	0.853	0.727	0.721	4.49039
均值	0.878	0.773	0.766	4.374954

表 8.4　叙事文 110∶190 形式评分模型（比例二）

随机次数	R	R Square	Adjusted R Square	Std Error of the Estimate
1	0.786	0.618	0.585	5.43901
2	0.782	0.611	0.591	6.08727
3	0.740	0.548	0.525	6.13348
4	0.865	0.749	0.733	6.16066
5	0.754	0.568	0.542	6.40424
均值	0.785	0.619	0.595	6.04493

表 8.5　叙事文 110∶190 语义评分模型（比例二）

随机次数	R	R Square	Adjusted R Square	Std Error of the Estimate
1	0.823	0.677	0.671	3.90146
2	0.842	0.709	0.701	4.31571
3	0.859	0.738	0.728	3.69077
4	0.946	0.895	0.889	3.44547
5	0.840	0.706	0.700	4.10104
均值	0.862	0.745	0.738	3.89089

表 8.6　叙事文 120：180 形式评分模型（比例三）

随机次数	R	R Square	Adjusted R Square	Std Error of the Estimate
1	0.725	0.525	0.494	6.03000
2	0.834	0.695	0.671	5.60622
3	0.882	0.778	0.756	5.10264
4	0.861	0.742	0.724	6.09640
5	0.715	0.511	0.493	5.57427
均值	0.803	0.650	0.628	5.68191

表 8.7　叙事文 120：180 语义评分模型（比例三）

随机次数	R	R Square	Adjusted R Square	Std Error of the Estimate
1	0.869	0.755	0.749	3.55041
2	0.847	0.717	0.709	4.44584
3	0.895	0.800	0.795	3.99975
4	0.915	0.836	0.831	3.88730
5	0.849	0.720	0.715	3.75746
均值	0.882	0.766	0.760	3.92815

表 8.8　叙事文 130：170 形式评分模型（比例四）

随机次数	R	R Square	Adjusted R Square	Std Error of the Estimate
1	0.786	0.617	0.583	6.12379
2	0.781	0.610	0.586	6.46851
3	0.805	0.648	0.626	5.68633
4	0.788	0.620	0.578	5.60838
5	0.880	0.775	0.759	5.16362
均值	0.808	0.654	0.626	5.81013

表 8.9　叙事文 130∶170 语义评分模型（比例四）

随机次数	R	R Square	Adjusted R Square	Std Error of the Estimate
1	0.809	0.655	0.647	4.43071
2	0.898	0.807	0.799	3.60004
3	0.877	0.769	0.762	4.11247
4	0.852	0.727	0.718	3.44467
5	0.929	0.863	0.858	3.46222
均值	0.873	0.764	0.757	3.81002

表 8.10　叙事文 140∶160 形式评分模型（比例五）

随机次数	R	R Square	Adjusted R Square	Std Error of the Estimate
1	0.833	0.693	0.678	5.99519
2	0.820	0.672	0.650	6.25065
3	0.848	0.720	0.701	5.67971
4	0.823	0.677	0.662	6.42563
5	0.815	0.663	0.644	6.28307
均值	0.828	0.685	0.667	6.12685

表 8.11　叙事文 140∶160 语义评分模型（比例五）

随机次数	R	R Square	Adjusted R Square	Std Error of the Estimate
1	0.876	0.767	0.762	4.45763
2	0.872	0.761	0.752	4.37434
3	0.910	0.828	0.820	3.64973
4	0.908	0.825	0.820	3.90390
5	0.853	0.728	0.722	4.69709
均值	0.884	0.782	0.775	4.21654

表 8.12　叙事文 150：150 形式评分模型（比例六）

随机次数	R	R Square	Adjusted R Square	Std Error of the Estimate
1	0.799	0.638	0.616	6.41215
2	0.836	0.699	0.685	6.34826
3	0.696	0.485	0.458	6.47879
4	0.748	0.560	0.537	6.07032
5	0.798	0.637	0.620	6.44960
均值	0.775	0.604	0.583	6.35182

表 8.13　叙事文 150：150 语义评分模型（比例六）

随机次数	R	R Square	Adjusted R Square	Std Error of the Estimate
1	0.879	0.772	0.767	4.07232
2	0.925	0.855	0.850	3.68716
3	0.836	0.699	0.693	4.00674
4	0.842	0.710	0.704	3.93987
5	0.772	0.597	0.591	5.60846
均值	0.851	0.727	0.721	4.26291

　　为了更清晰直观地比较不同比例模型间的拟合优度，表 8.14 和表 8.15 分别呈现了六种比例模型的形式和语义的相关系数 R 和决定系数 R^2 均值。

表 8.14　叙事文形式评分模型比较

比例	R 均值	R Square 均值
100：200	0.820	0.675
110：190	0.785	0.619
120：180	0.803	0.650
130：170	0.808	0.654
140：160	0.828	0.685
150：150	0.775	0.604

表 8.15　叙事文语义评分模型比较

比例	R 均值	R Square 均值
100 : 200	0.878	0.773
110 : 190	0.862	0.745
120 : 180	0.882	0.766
130 : 170	0.873	0.764
140 : 160	0.884	0.782
150 : 150	0.851	0.727

　　表 8.14 显示叙事文形式评分模型拟合情况不错，相关系数 R 均在 0.7 以上，其中 150:150 比例模型均值最低，140:160 比例模型均值最高。表 8.15 汇总了不同比例叙事文语义模型的拟合数据，与形式数据相比，语义数据中的相关系数 R 和决定系数 R2 均值显著高于形式模型中的数值，与翻译即"译意"的思想相符。从形式和语义模型的综合数据来看，形式模型的相关系数 R 均值达到 0.803，语义模型的相关系数 R 均值达到 0.872，且每种比例内部差异性小，表明本研究使用的文本预测变量效果良好，表现出很好的稳定性和预测能力。

8.2　汉译英说明文测试评分模型的构建

　　说明文总篇数为 336 篇，为三种文体篇数之最，因此所建的模型数量也最多，以 100 篇训练集为起点，共计建立了八种比例的形式和语义评分模型，建模次数达到 80 次。说明文测试评分模型的构建过程与叙事文相同，采用逐步回归分析方法，以语义或形式成绩为因变量，译文质量预测因子为自变量进行回归分析，经过不断尝试和优化，说明文八种比例评分模型拟合数据如下：

表 8.16　说明文 100：236 形式评分模型（比例一）

随机次数	R	R Square	Adjusted R Square	Std Error of the Estimate
1	0.824	0.679	0.657	6.33953
2	0.825	0.680	0.662	6.27221
3	0.846	0.716	0.700	5.85574
4	0.839	0.703	0.690	6.97183
5	0.851	0.724	0.701	6.00306
均值	0.837	0.700	0.682	6.28847

表 8.17　说明文 100：236 语义评分模型（比例一）

随机次数	R	R Square	Adjusted R Square	Std Error of the Estimate
1	0.882	0.778	0.773	6.77810
2	0.909	0.826	0.822	6.20002
3	0.912	0.832	0.828	6.21161
4	0.887	0.787	0.783	6.81496
5	0.928	0.861	0.859	6.07910
均值	0.904	0.817	0.813	6.41676

表 8.18　说明文 110：226 形式评分模型（比例二）

随机次数	R	R Square	Adjusted R Square	Std Error of the Estimate
1	0.841	0.708	0.685	5.98891
2	0.749	0.561	0.534	6.01051
3	0.867	0.751	0.730	5.29449
4	0.851	0.724	0.697	6.30148
5	0.893	0.798	0.788	5.65561
均值	0.840	0.708	0.687	5.8502

表 8.19　说明文 110∶226 语义评分模型（比例二）

随机次数	R	R Square	Adjusted R Square	Std Error of the Estimate
1	0.906	0.820	0.815	6.26057
2	0.874	0.764	0.760	6.72019
3	0.883	0.780	0.776	7.10847
4	0.912	0.832	0.829	6.61796
5	0.901	0.812	0.809	6.95208
均值	0.895	0.802	0.798	6.73185

表 8.20　说明文 120∶216 形式评分模型（比例三）

随机次数	R	R Square	Adjusted R Square	Std Error of the Estimate
1	0.695	0.483	0.469	6.87292
2	0.820	0.673	0.658	6.50429
3	0.852	0.726	0.708	6.06223
4	0.846	0.715	0.696	6.26095
5	0.872	0.760	0.744	5.59869
均值	0.817	0.671	0.655	6.25981

表 8.21　说明文 120∶216 语义评分模型（比例三）

随机次数	R	R Square	Adjusted R Square	Std Error of the Estimate
1	0.861	0.742	0.735	6.06318
2	0.917	0.840	0.836	6.07712
3	0.906	0.821	0.818	6.18972
4	0.897	0.805	0.800	6.47059
5	0.883	0.780	0.776	6.85965
均值	0.893	0.798	0.793	6.33205

表 8.22　说明文 130：206 形式评分模型（比例四）

随机次数	R	R Square	Adjusted R Square	Std Error of the Estimate
1	0.811	0.657	0.632	6.69905
2	0.855	0.731	0.711	5.67903
3	0.791	0.625	0.602	6.06040
4	0.865	0.747	0.735	5.82689
5	0.855	0.730	0.716	5.82985
均值	0.835	0.698	0.679	6.01904

表 8.23　说明文 130：206 语义评分模型（比例四）

随机次数	R	R Square	Adjusted R Square	Std Error of the Estimate
1	0.922	0.851	0.846	6.16771
2	0.913	0.833	0.830	6.34694
3	0.890	0.793	0.788	6.38315
4	0.892	0.795	0.790	6.51226
5	0.908	0.824	0.820	6.39350
均值	0.905	0.819	0.815	6.36071

表 8.24　说明文 140：196 形式评分模型（比例五）

随机次数	R	R Square	Adjusted R Square	Std Error of the Estimate
1	0.818	0.668	0.650	6.19925
2	0.856	0.733	0.716	5.80315
3	0.856	0.733	0.714	5.62971
4	0.856	0.733	0.714	5.62971
5	0.823	0.677	0.667	6.43350
均值	0.842	0.709	0.692	5.93906

表 8.25　说明文 140：196 语义评分模型（比例五）

随机次数	R	R Square	Adjusted R Square	Std Error of the Estimate
1	0.902	0.814	0.811	6.35950
2	0.916	0.839	0.836	6.19442
3	0.896	0.803	0.801	5.96303
4	0.896	0.803	0.801	5.96303
5	0.898	0.806	0.803	7.07124
均值	0.902	0.813	0.810	6.31024

表 8.26　说明文 150：186 形式评分模型（比例六）

随机次数	R	R Square	Adjusted R Square	Std Error of the Estimate
1	0.840	0.706	0.685	6.32141
2	0.829	0.688	0.674	6.58712
3	0.832	0.692	0.680	6.38411
4	0.854	0.730	0.715	5.95101
5	0.884	0.782	0.768	6.00208
均值	0.848	0.720	0.704	6.24915

表 8.27　说明文 150：186 语义评分模型（比例六）

随机次数	R	R Square	Adjusted R Square	Std Error of the Estimate
1	0.910	0.829	0.825	6.74413
2	0.910	0.829	0.826	6.09587
3	0.908	0.825	0.823	5.85225
4	0.919	0.845	0.843	6.31418
5	0.921	0.849	0.847	6.01901
均值	0.914	0.835	0.833	6.205089

表 8.28 说明文 160：176 形式评分模型（比例七）

随机次数	R	R Square	Adjusted R Square	Std Error of the Estimate
1	0.793	0.628	0.618	6.91804
2	0.814	0.662	0.650	6.53856
3	0.895	0.801	0.788	5.38258
4	0.783	0.613	0.591	6.37424
5	0.860	0.739	0.722	5.82442
均值	0.829	0.689	0.674	6.20757

表 8.29 说明文 160：176 语义评分模型（比例七）

随机次数	R	R Square	Adjusted R Square	Std Error of the Estimate
1	0.924	0.853	0.850	6.06703
2	0.904	0.817	0.813	6.45491
3	0.916	0.839	0.836	6.25220
4	0.900	0.809	0.805	6.47788
5	0.918	0.843	0.840	6.21444
均值	0.912	0.832	0.829	6.29329

表 8.30 说明文 170：166 形式评分模型（比例八）

随机次数	R	R Square	Adjusted R Square	Std Error of the Estimate
1	0.867	0.752	0.733	6.05935
2	0.822	0.675	0.665	6.47744
3	0.819	0.671	0.660	6.34364
4	0.804	0.647	0.630	6.56011
5	0.821	0.675	0.660	6.15484
均值	0.827	0.684	0.670	6.31908

表 8.31 说明文 170 : 166 语义评分模型（比例八）

随机次数	R	R Square	Adjusted R Square	Std Error of the Estimate
1	0.903	0.816	0.812	6.43888
2	0.899	0.808	0.803	6.60721
3	0.899	0.807	0.805	6.40007
4	0.914	0.836	0.833	6.11063
5	0.903	0.815	0.813	6.49843
均值	0.904	0.816	0.813	6.41104

表 8.32 和表 8.33 分别呈现了说明文八种比例模型的形式和语义的相关系数 R 和决定系数 R2 的均值。

表 8.32 说明文形式评分模型比较

比例	R 均值	R Square 均值
100 : 236	0.837	0.700
110 : 226	0.840	0.708
120 : 216	0.817	0.671
130 : 206	0.835	0.698
140 : 196	0.842	0.709
150 : 186	0.848	0.720
160 : 176	0.829	0.689
170 : 166	0.827	0.684

表 8.33 说明文语义评分模型比较

比例	R 均值	R Square 均值
100 : 236	0.904	0.817
110 : 226	0.895	0.802
120 : 216	0.893	0.798

（待续）

（续表）

比例	R 均值	R Square 均值
130：206	0.905	0.819
140：196	0.902	0.813
150：186	0.914	0.835
160：176	0.912	0.832
170：166	0.904	0.816

从表 8.32 和表 8.33 来看，说明文八种比例的形式和语义评分模型的拟合数据良好，形式模型的相关系数 R 均值达到 0.834，语义模型的相关系数 R 均值达到 0.904，略高于叙事文的评分模型，表现出很好的稳定性和预测能力。

8.3 汉译英议论文测试评分模型的构建

议论文的总篇数为三种文体中最少，为 257 篇，以 100 篇训练集为基点，共计建立了四种比例的形式和语义评分模型，建模过程与叙事文和说明文相同，各项拟合数据如下：

表 8.34 议论文 100：157 形式评分模型（比例一）

随机次数	R	R Square	Adjusted R Square	Std Error of the Estimate
1	0.454	0.206	0.187	6.09200
2	0.739	0.547	0.516	6.31204
3	0.589	0.347	0.318	5.46017
4	0.745	0.555	0.539	5.08544
5	0.770	0.593	0.570	5.63174
均值	0.659	0.450	0.426	5.71628

表 8.35　议论文 100 : 157 语义评分模型（比例一）

随机次数	R	R Square	Adjusted R Square	Std Error of the Estimate
1	0.843	0.711	0.702	4.37708
2	0.882	0.777	0.768	4.62515
3	0.796	0.634	0.626	4.42834
4	0.841	0.707	0.698	4.49429
5	0.887	0.786	0.779	4.56047
均值	0.850	0.723	0.715	4.49707

表 8.36　议论文 110 : 147 形式评分模型（比例二）

随机次数	R	R Square	Adjusted R Square	Std Error of the Estimate
1	0.670	0.449	0.425	5.89826
2	0.707	0.500	0.469	5.23133
3	0.696	0.484	0.458	5.36919
4	0.749	0.562	0.534	5.65701
5	0.758	0.574	0.546	5.71521
均值	0.716	0.514	0.486	5.5742

表 8.37　议论文 110 : 147 语义评分模型（比例二）

随机次数	R	R Square	Adjusted R Square	Std Error of the Estimate
1	0.856	0.732	0.725	4.81679
2	0.848	0.719	0.711	4.14208
3	0.850	0.722	0.714	4.19863
4	0.887	0.786	0.780	4.73083
5	0.880	0.774	0.768	4.79625
均值	0.864	0.747	0.740	4.53692

表 8.38　议论文 120：137 形式评分模型（比例三）

随机次数	R	R Square	Adjusted R Square	Std Error of the Estimate
1	0.806	0.649	0.622	5.32990
2	0.819	0.671	0.646	4.70350
3	0.754	0.568	0.538	5.77272
4	0.687	0.472	0.457	5.91869
5	0.670	0.449	0.428	6.14391
均值	0.747	0.562	0.538	5.57374

表 8.39　议论文 120：137 语义评分模型（比例三）

随机次数	R	R Square	Adjusted R Square	Std Error of the Estimate
1	0.895	0.802	0.795	4.56656
2	0.859	0.738	0.731	4.67311
3	0.896	0.802	0.795	4.37065
4	0.878	0.770	0.765	4.40510
5	0.864	0.747	0.742	4.52879
均值	0.878	0.772	0.766	4.50884

表 8.40　议论文 130：127 形式评分模型（比例四）

随机次数	R	R Square	Adjusted R Square	Std Error of the Estimate
1	0.704	0.496	0.479	5.75835
2	0.763	0.582	0.551	5.07441
3	0.763	0.583	0.568	5.16487
4	0.786	0.617	0.597	5.12339
5	0.734	0.539	0.519	5.83652
均值	0.750	0.563	0.543	5.39151

表 8.41　议论文 130：127 语义评分模型（比例四）

随机次数	R	R Square	Adjusted R Square	Std Error of the Estimate
1	0.858	0.737	0.730	4.78167
2	0.870	0.757	0.750	4.08747
3	0.871	0.758	0.753	4.58887
4	0.853	0.727	0.723	4.68695
5	0.870	0.757	0.750	4.54643
均值	0.864	0.747	0.741	4.53828

　　表 8.42 和表 8.43 分别呈现了议论文四种比例模型的形式和语义的相关系数 R 和决定系数 R2 均值。

表 8.42　议论文形式评分模型比较

比例	R 均值	R Square 均值
100：157	0.659	0.450
110：147	0.716	0.514
120：137	0.747	0.562
130：127	0.750	0.563

表 8.43　议论文语义评分模型比较

比例	R 均值	R Square 均值
100：157	0.850	0.723
110：147	0.864	0.747
120：137	0.878	0.772
130：127	0.864	0.747

　　从表 8.42 和表 8.43 来看，议论文四种比例的形式和语义评分模型的拟合数据良好，形式模型的相关系数 R 均值达到 0.718，语义模型的相关系数 R 均值达到 0.864，形式模型和语义模型的相关系数 R 均低于叙事文和说明文评分模型，但也表现出良好的稳定性和预测能力。

在三种文体测试评分模型中，与形式模块回归分析结果相比，语义模块的相关系数和决定系数普遍高于形式模块的数值，表明语义模块中的变量对于语义成绩具有更强的预测力。在三种文体模型构建过程中产生的用于机器评分的回归方程详见附录。

8.4 三种文体测试评分模型信度分析及比较

信度指测量结果的可靠性和一致性，指"测验的总变异中由真实分数而不是误差造成的变异所占的比重"（Mark & Meryl 2005: 99）。本研究使用相关系数来测量机器评分与人工评分之间的一致性，与 GMAT 和 TOEFL 考试中使用的五分制（0 分为最低分，5 分为最高分）不同，本研究采用更为严格的百分制分数作为测量标准，以考察机器评分与人工评分之间的一致性。表 8.44、表 8.45 和表 7.46 分别介绍叙事文、说明文和议论文形式模型和语义模型的自动评分信度。由于篇幅所限，此处介绍各比例评分模型均值，更为详细的信度报告请见附录。

表 8.44 叙事文形式、语义模型自动评分信度

训练集验证集比例	形式模型机器评分与人工评分相关系数均值	语义模型机器评分与人工评分相关系数均值
100 ： 200	0.7486	0.8676
110 ： 190	0.7632	0.8336
120 ： 180	0.7390	0.8654
130 ： 170	0.7656	0.8772
140 ： 160	0.7128	0.8672
150 ： 150	0.7632	0.8638

表 8.44 显示叙事文形式模型的机器评分与人工评分相关系数均值都在 0.7 以上，语义模型的机器评分与人工评分相关系数均值都在 0.83 以上，且都具有统计意义，反映了系统良好的评分性能。在所有模型

中，130：170 模型的形式机器评分和语义机器评分与人工评分的相关系数最高。王金铨（2008）的研究发现，当训练集与验证集篇数比例达到 50：250 时，机器语义评分与人工语义评分的相关系数达到了 0.825**；100：200 时，相关系数达到 0.841**。由于王金铨（2008）的研究以一次性随机建模数据为评判标准，研究结果可能存在一定的偶然性。本研究建模时，以 100 篇译文训练集作为起点，每种比例随机分组五次，分别构建评分模型，以五次机器评分与人工评分相关系数的均值作为评判标准，减少了数据的偶然性。本研究所构建的 100：200 五个模型机器语义评分与人工语义评分相关系数均值达到 0.8476，虽然 130：170 模型的机器评分与语义评分相关系数最高，但差距不大，形式模型相关系数高 0.017，语义模型高 0.0096，再次验证了王金铨（2008：123）研究提出的"随机提取的 100 篇译文所包含的形态各异的语言单位基本能够满足翻译测试评分的需要"。

说明文是模型构建最多的文体，共计八种比例，每个比例分为形式、语义两类，每类进行五次随机，共计创建了 80 个模型，每种比例形式和语义模型机器评分与人工评分信度报告如下：

表 8.45　说明文形式、语义模型自动评分信度

训练集验证集比例	形式模型机器评分与人工评分相关系数均值	语义模型机器评分与人工评分相关系数均值
100：236	0.7546	0.8952
110：226	0.7572	0.8976
120：216	0.7686	0.901
130：206	0.7584	0.8926
140：196	0.7606	0.8964
150：186	0.7706	0.9012
160：176	0.7514	0.8936
170：166	0.7814	0.9018

表 8.45 显示说明文形式模型的机器评分与人工评分相关系数均值都在 0.75 以上，语义模型的机器评分与人工评分相关系数均值都在 0.89 以上，且都具有统计意义，反映了评分模型很好的预测能力和评分性能。说明文所有比例评分模型的相关系数相差无几，机器评分与人工评分一致性最高的是 170:166 模型，比一致性最低的形式模型高 0.03，比语义模型高 0.092，与 100:236 模型（形式 0.7546，语义 0.8952）差距不大。

议论文为建模最少的文体，构建了四种比例，两种类型、五次随机共计 40 个评分模型，每种比例形式和语义模型机器评分与人工评分信度报告如下：

表 8.46 议论文形式、语义模型自动评分信度

训练集验证集比例	形式模型机器评分与人工评分相关系数均值	语义模型机器评分与人工评分相关系数均值
100：157	0.5652	0.8584
110：147	0.5464	0.8484
120：137	0.5346	0.8426
130：127	0.5906	0.8624

表 8.46 显示议论文形式模型机器评分与人工评分一致性在三种文体中表现相对较弱，语义模型机器评分与人工评分一致性和叙事文相仿，一致性最高的模型为 130：127，与人工形式评分相关系数均值为 0.5906，人工语义评分相关系数为 0.8624，但模型间相关系数相差不大。

图 8.1 和图 8.2 显示了三种文体不同比例训练集形式和语义模型机器评分与人工评分一致性的曲线图，从形式模型相关系数来看，说明文最高，叙事文其次，议论文最低，不同比例训练集间曲线波动平缓，变化不大；从语义模型来看，说明文最高，叙事文和议论文不同比例训练集呈现平行发展、互有交错的状态。

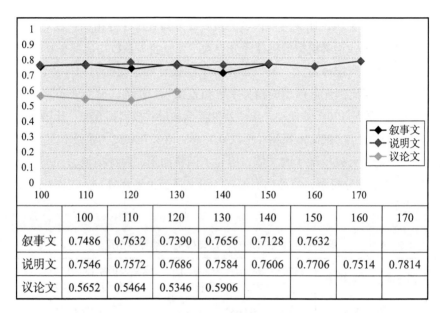

	100	110	120	130	140	150	160	170
叙事文	0.7486	0.7632	0.7390	0.7656	0.7128	0.7632		
说明文	0.7546	0.7572	0.7686	0.7584	0.7606	0.7706	0.7514	0.7814
议论文	0.5652	0.5464	0.5346	0.5906				

图 8.1　三种文体不同比例训练集形式模型自动评分信度比较

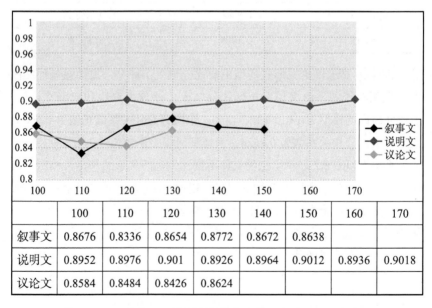

	100	110	120	130	140	150	160	170
叙事文	0.8676	0.8336	0.8654	0.8772	0.8672	0.8638		
说明文	0.8952	0.8976	0.901	0.8926	0.8964	0.9012	0.8936	0.9018
议论文	0.8584	0.8484	0.8426	0.8624				

图 8.2　三种文体不同比例训练集语义模型自动评分信度比较

综合三种文体评分模型来看，说明文的形式和语义自动评分模型表现最佳，叙事文形式模型相关系数均值高于议论文，但语义模型相关系数均值略低于议论文的语义模型，数据如下：

表 8.47　三种文体形式、语义模型自动评分信度比较

文体	形式模型机器评分与人工 评分相关系数均值	语义模型机器评分与人工 评分相关系数均值
叙事文	0.7487	0.8625
说明文	0.7629	0.8974
议论文	0.5592	0.8530

表 8.47 显示说明文形式模型机器评分与人工评分相关系数均值达到 0.7629，为三种文体中最高，议论文形式模型的机器评分与人工评分一致性为 0.5592，为三种文体最低。通过分析三种文体形式人工评分发现，议论文形式均分为三种文体中最低，三位评分员的分值分别为 53.43969、53.77043、53.38521，表明议论文中形式错误较多，形式错误种类的增加客观上给机器评分也带来了一些不便。此外，在译文评价中，形式和语义无法完全分开，意义依靠形式表达，语义系统的二元组、三元组和四元组事实上也评测了一部分形式的内容。

为更准确地把握评分模型总体评分信度，依据翻译即译意的原则，语义比重应该大于形式比重，研究者将三种文体语义、形式评分分别以 6:4 比例合成为该译文总分后比较机器评分和人工评分之间的一致性，分析结果如下：

表 8.48　叙事文模型总体自动评分信度（语义、形式六四比例）

训练集验证 集比例	机器评分与人工评分 相关系数	训练集验证 集比例	机器评分与人工评分 相关系数
	0.843**		0.899**
100：200	0.868**	130：170	0.879**
	0.897**		0.864**

（待续）

（续表）

训练集验证集比例	机器评分与人工评分相关系数	训练集验证集比例	机器评分与人工评分相关系数
100∶200	0.847**	130∶170	0.878**
	0.807**		0.854**
110∶190	0.872**	140∶160	0.865**
	0.843**		0.877**
	0.852**		0.809**
	0.822**		0.844**
	0.882**		0.902**
120∶180	0.898**	150∶150	0.886**
	0.869**		0.847**
	0.848**		0.910**
	0.845**		0.900**
	0.873**		0.858**

表 8.49　叙事文模型总体自动评分信度均值（语义、形式六四比例）

训练集验证集比例	机器评分与人工评分相关系数	训练集验证集比例	机器评分与人工评分相关系数
100∶200	0.8524	130∶170	0.8748
110∶190	0.8542	140∶160	0.8594
120∶180	0.8666	150∶150	0.8802

从表 8.48、表 8.49 介绍了叙事文各比例训练集机器评分与人工评分的相关系数，数据显示所有比例评分模型总体评分信度均值都在 0.85 以上，表明本研究所构建的叙事文语义、形式评分模型能够很好地预测译文总体分值。比较不同比例训练集评分结果发现，训练集比例的变化对评分信度影响不大。

表 8.50 和表 8.51 介绍了说明文语义、形式模型对译文总体质量的自动评分信度，数据如下：

表 8.50　说明文模型总体自动评分信度（语义、形式六四比例）

训练集验证 集比例	机器评分与人工评分 相关系数	训练集验证 集比例	机器评分与人工评分 相关系数
100：236	0.910**	140：196	0.911**
	0.890**		0.901**
	0.911**		0.913**
	0.916**		0.913**
	0.884**		0.903**
110：226	0.916**	150：186	0.903**
	0.923**		0.897**
	0.912**		0.922**
	0.861**		0.906**
	0.891**		0.894**
120：216	0.931**	160：176	0.908**
	0.905**		0.907**
	0.910**		0.898**
	0.915**		0.910**
	0.913**		0.927**
130：206	0.916**	170：166	0.911**
	0.887**		0.921**
	0.920**		0.915**
	0.926**		0.914**
	0.899**		0.891**

表 8.51　说明文模型总体自动评分信度均值（语义、形式六四比例）

训练集验证 集比例	机器评分与人工评分 相关系数	训练集验证 集比例	机器评分与人工评分 相关系数
100：236	0.9022	140：196	0.9082
110：226	0.9006	150：186	0.9044
120：216	0.9148	160：176	0.91
130：206	0.9096	170：166	0.9104

　　表 8.50 和表 8.51 显示说明文所有比例模型对译文质量总体自动评分信度均值都在 0.9 以上，达到了很高的一致性。各比例训练集评分相关系数均值波动平缓，表明训练集比例的变动对模型的预测能力影响不大。

　　表 8.52 和表 8.53 介绍了议论文语义、形式模型对译文总体质量的自动评分信度，数据如下：

表 8.52　议论文模型总体自动评分信度（语义、形式六四比例）

训练集验证集比例	机器评分与人工评分相关系数	训练集验证集比例	机器评分与人工评分相关系数
100：157	0.782**	120：137	0.779**
	0.788**		0.826**
	0.813**		0.838**
	0.838**		0.831**
	0.798**		0.814**
110：147	0.818**	130：127	0.882**
	0.813**		0.869**
	0.819**		0.791**
	0.800**		0.797**
	0.827**		0.824**

表 8.53　议论文模型总体自动评分信度均值（语义、形式六四比例）

训练集验证集比例	机器评分与人工评分相关系数	训练集验证集比例	机器评分与人工评分相关系数
100：157	0.8038	120：137	0.8176
110：147	0.8154	130：127	0.8326

　　表 8.52 和表 8.53 显示议论文不同比例评分模型与人工评分的相关系数均值都在 0.8 以上，虽然低于说明文和叙事文均值，也表现出了良好的性能和一致性。

　　综合三种文体机器总体评分性能来看，说明文模型评分性能最好，与人工评分相关系数均值为 0.908；叙事文次之，为 0.865；议论文第三，为 0.817，各文体评分模型均表现良好，达到了大规模测试评分的要求。训练集样本量大小对机器评分信度影响不大，数据显示，当训练集样本量达到 100 篇时，随着样本量的增加，信度曲线基本呈现平直状态，波幅不大。在现有语料条件下，由 100 篇译文构成的训练集基本能够涵盖可能出现的翻译结果，满足译文自动评分系统的需要，但该结论还需要更大样本数据的验证和支撑。三种文体不同比例更详细的机器评分与人工评分信度报告请见附录。

8.5　三种文体自动评分模型中的变量比较

本研究通过自然语言处理方法和数据挖掘技术从文本中提取了与译文质量密切相关的文本变量 67 个，其中 55 个为形式变量，12 个为语义变量。在每个比例模型建模过程中，首先计算所有变量与形式或语义成绩之间的相关性，再分别构建自动评分模型。

在本研究中，研究者共构建了三种文体共计 180 个形式和语义模型，其中叙事文 60 个、说明文 80 个、议论文 40 个，在回归方程中出现频率前五位形式和语义变量汇总如下：

表 8.54　三种文体形式、语义模型中出现频率前五名的变量 [1]

类别	叙事文	频率	标准化频率	说明文	频率	标准化频率	议论文	频率	标准化频率
形式	句子数	26	0.44	类符数	21	0.26	句子数	19	0.475
	句子数标准差	25	0.42	标准化名词数	15	0.19	形符类符比	11	0.275
	类符数	22	0.37	相邻句间的同义动词重叠	14	0.18	句子中评论字数	10	0.25

（待续）

1　形符数、类符数、句子数等变量数值是与最佳译文均值的差值的绝对值。

（续表）

类别	叙事文	频率	标准化频率	说明文	频率	标准化频率	议论文	频率	标准化频率
	词长标准差	17	0.29	句子中评论字数	12	0.15	相邻句间的论元重叠	8	0.2
	二级词汇类符百分比	14	0.23	代词密度	11	0.14	标准化代词数	7	0.175
语义	语义点	30	0.50	语义点	40	0.50	一元组	20	0.50
	一元组	23	0.39	二元组	38	0.48	语义点	19	0.475
	SVD	16	0.27	一元组	14	0.18	二元组	12	0.30
	一元组百分比	11	0.18	SVD	4	0.05	三元组	6	0.15
	二元组百分比	10	0.17	二元组百分比	2	0.025	二元组百分比	4	0.1

表 8.54 显示了各文体回归方程中出现频率前五名的变量，在形式评分模型中，三种文体共同出现的变量有句子数和类符数相关变量，表明原文的句子数量和词数对译文的约束和影响。翻译试卷呈现原文时，第一部分是译文篇章，便于学生整体理解，第二部分是将篇章按照语义进行划分的句子，便于学生翻译和语料收集。因此，句子数与译文的完整性关系密切，数量少表明存在漏译，数量多则存在超译。类符数是译文中所使用的不同形式单词的数量，与译文词数密切相关，反映了译文是否在数量上足额体现了原文内容，实际上这两个变量与译文的忠实性关系紧密。本研究所使用的这两个变量都是原有变量数值与最佳译文均值之间差值的绝对值，因此也反映了待测译文与最佳译文之间的距离，距离远则得分低，距离近则得分高。表 8.54 的标准化频率是该变量原有频率与所有方程模型数量的比值，反映了变量在所有模型中应用的比率。句子数在议论文评分模型中应用最多，达到 47.5%；在说明文中最少，为 15%。类符数在叙事文中出现频率最高，达到 37%，说明文其次，达到 26%。形符类符比在说明文中，为 27.5%，占比最高。有意思的是，在说

明文形式评分模型中，名词百分比出现频率排第二，概率达到 19%，仔细查看说明文原文发现，说明文中存在着部分特殊名词及固定名词的成分，能否完整无误地翻译这些名词反映了翻译质量的优劣。

在语义变量中，语义点数量占据了绝对领先的地位，在三种文体语义评分模型中出现的频率均超过 47%，充分表明了该变量的预测能力。N元组也表现出很强的预测能力，一元组数量在议论文模型中出现的频率为 50%，叙事文为 39%；二元组在说明文模型中出现频率为 48%，在议论中为 30%。语义模型的机器评分与人工评分的一致性也充分说明了语义变量的信度和效度。本研究提取的 67 个形式和语义变量中，有 59 个变量在所有评分模型中至少出现了一次，充分表明这些形式和语义变量的信度和效度。

综合 180 次模型构建的结果，在三种文体中共有的高频形式变量有句子数和类符数；高频语义变量有语义点，一元组、二元组和 SVD 变量。如能确定这些共性参数在自动评分模型中的权重系数，则能实现汉译英评分系统的通用化和全自动化。

在评分模型构建过程中，预测能力强的变量固然非常重要，但是预测能力一般的变量也不可忽视，各类变量从各种不同的角度衡量译文的得失。在回归方程中，有的变量出现了，有的变量没有露脸，并不是因为缺乏相关性，有时恰恰是因为相关性过高，引起了模型的共线性而被淘汰。因而对于构建评分模型而言，更为重要的是挖掘从不同角度衡量不同内容的有效文本变量。

8.6 小结

本章分别建立了叙事文、说明文和议论文三种文体不同比例的形式和语义自动评分模型，包括叙事文六种比例 60 个形式和语义评分模型、说明文八种比例 80 个形式和语义模型、议论文四种比例 40 个形式和语义模型，建模总数达到 180 个。所有评分模型相关系数 R 和 R2 均值均表现出很好的稳定性和预测能力。建模完成后，用模型对验证集中的译文进行自动评分，评分结果显示，说明文形式、语义模型与人工评分一致性最高，相关系数均值分别达到 0.7629 和 0.8974，叙事文形式、语义模型与人工评分相关系数均值分别为 0.7487 和 0.8625，议论文形式模型略低，语义模型与叙事文相仿，均值为 0.5592 和 0.8530。通过将语义、形式机器评分和人工评分以六四比例合并得到译文总成绩并进行相关分析，数据结果显示说明文模型评分性能最好，与人工评分相关系数均值为 0.908，叙事文模型为 0.865，议论文模型为 0.817，表明本研究所构建的模型性能良好，符合统计学和测试学的要求，能够满足大规模测试评分的要求。

比较三种文体不同比例评分模型发现，尽管不同比例模型间一致性有差别，但趋势平缓，波幅不大，100 篇训练集和二分之一训练集构建的评分模型信度相差不大。本研究进一步验证了王金铨（2008）研究提出的"随机提取的 100 篇译文所包含的形态各异的语言单位基本能够满足翻译测试评分的需要"，但是仍需得到更大样本数据的支持。

在本研究所提取的 67 个译文形式、语义变量中，59 个变量在所有评分模型中至少出现了一次。形式变量中的句子数、类符数、形符数等在评分模型中出现的频率最高，表明这些变量与译文形式质量密切相关。语义变量的表现强于形式变量，与翻译即译义的原则不谋而合。在语义变量中，语义点变量表现最好，在三种文体语义评分模型中出现的频率最高，均超过 4750%，语义点变量来自人工评分时所使用的采分点，与译文质量密切相关。N 元组变量也表现出了良好的评分效果，一元组数量在议论文模型中出现的频率为 50%，叙事文为 39%；二元组在说明文模型中出现频率为 48%，在议论中为 30%。其他变量，如二级、三级词汇形符类符数量、词性数量和百分比、SVD 值等，也在评分模型中做出了各自无法替代的评分贡献。

第九章　汉译英自动评分系统
总结和展望

本研究经历了语料收集、语料转写、人工评分、变量挖掘、模型创建、模型验证等阶段，最终实现了叙事文、说明文和议论文三种文体的计算机自动评分。每一个环节都精心设计，反复尝试，容不得半点马虎。在模型构建过程中，缺乏翻译质量自动评分系统的文献，只能循着机器翻译评价和作文自动评分系统的部分结论，尝试构建汉译英自动评分系统。下面对本研究主要发现、模型应用中的注意事项、研究价值、研究不足和将来的研究工作做一个系统回顾和展望。

9.1　研究主要发现

本研究通过三种文体自动评分模型的构建和比较回答了以下三个问题：

问题一：汉译英自动评分系统中有效预测变量有哪些？是否对不同文体译文都有效？

问题二：译文质量预测因子构建的模型在不同文体中的预测能力如何？汉译英自动评分系统的评分信度能否达到语言测试的要求？

问题三：汉译英自动评分系统对不同文体译文进行评分时是否具有同等效果？训练集译文的最低样本量至少应该达到多少？

对于第一个问题，本书在机器翻译评价和英语作文自动评分系统研究基础上，运用多种自然语言处理方法，经过不断尝试和开发，提取了67个与译文质量相关的文本变量，其中55个为形式变量，12个为语义变量。形式变量包括三类：与字词有关的形式特征、与句子有关的形式特征和与篇章有关的形式特征。这些变量从各种不同的角度衡量译文质量，数据显示，与字词有关的形式特征中的形符数、类符数、形符类符比、一级词汇形符、类符数量、名词、动词、形容词数量、连接词语等变量与三种文体的译文质量较为相关。语义变量包括三类：语义点、N元组和 SVD 值。这三类变量与译文质量高度相关，相关系数均在 0.6 以上（不包括 SVD 值和 N 元组百分比）。在模型构建时，形式变量中句子数、类符数等相关变量在三种文体中出现频率最高，句子数在议论文中的出现概率是 47.5%，在说明文中出现的概率是 15%。类符数在叙事文中的出现概率为 37%，说明文中为 26%。形符类符比在说明文中，为27.5%，占比最高。这三个变量都是译文相应变量数值与最佳译文均值的差值绝对值，反映了待测译文与最佳译文之间的差距，数值越大，则相似度越小。语义变量中语义点的预测能力最强，出现频率也最高，在三种文体的出现概率均超过 47%，即约一半模型中都有语义点变量的贡献。N 元组是另一个预测能力较强的语义变量，尤其是一元组和二元组。一元组在叙事文中出现的频率为 23 次，概率为 39%，在议论文中出现的频率为 20 次，概率为 50%；二元组在说明文出现的频率为 38 次，概率为48%。SVD 在三种文体的语义模型中均有出现，弥补了语义点和 N 元组变量测量的空白。本研究挖掘的 67 个形式和语义变量中，有 59 个变量在三种文体评分模型中至少出现了一次，充分体现了这些形式和语义变量的信度和效度。

对于第二个问题，本研究以 100 篇训练集为起点，共建立叙事文评分模型 60 个，说明文评分模型 80 个，议论文评分模型 40 个。模型拟合数据显示，叙事文形式模型的相关系数 R 均值达到 0.749，语义模型的相关系数 R 均值达到 0.863；说明文形式模型的相关系数 R 均值达到 0.763，语义模型的相关系数 R 均值达到 0.897；议论文形式模型的相关系数 R 均值为 0.559，语义模型的相关系数 R 均值为 0.853。从建模结果分析，可以得出如下结论：由译文质量预测因子构建的评分模型在不同文体中的预测能力均很强，所有评分模型拟合数据良好，说明文评分模型拟合数据最好，叙事文次之，议论文形式模型略低，语义模型与叙事文相仿。

从三种文体机器评分的信度分析报告来看，叙事文形式模型机器评分与人工评分相关系数均值为 0.7087，语义模型机器评分与人工评分相关系数均值为 0.8546；说明文形式模型的机器评分与人工评分相关系数均值为 0.7635，语义模型机器评分与人工评分相关系数均值为 0.8983；议论文形式模型机器评分与人工评分相关系数为 0.58，语义模型机器评分与人工评分相关系数均值为 0.857。将形式和语义人工评分和机器评分按照 4：6 比例合并后观察译文整体质量发现，叙事文各比例训练集机器评分与人工评分的相关系数均值为 0.865，说明文各比例模型人工评分与总体译文质量自动评分信度均值为 0.908，议论文各比例模型人工评分与总体译文质量自动评分信度均值为 0.817。三种文体自动评分系统的评分信度均超过了相关系数 0.7 的语言测试要求，即使最低的为议论文自动评分系统也达到了 0.817，各文体评分模型均表现出良好的稳定性和预测能力。

对于问题三，综合三种文体汉译英自动评分系统的性能，说明文自动评分模型表现最好，相关系数在 0.9 以上，叙事文和议论文评分模型相关系数均在 0.8 以上。分析其原因，说明文平实简洁，表达清晰，意义明确，易于转换为英文表达，也有利于计算机自动评分。叙事文生动形象，语言表达形式丰富，容易造成转换时形式和语义上的翻译难点。议论文以抽象思维为主，例证丰富，逻辑严密，在翻译时，语言形式的转换和句意表达对二语学习者可能会造成一定的难度。三种文体语言文字的特点造成了不同的翻译难度。

建模结果表明由 67 个形式、语义变量构建的自动评分系统在三种文体中均表现良好，达到了大规模测试评分的要求。不同比例训练集构建的评分模型对机器评分信度影响不大，统计数据显示，当训练集样本量达到 100 篇时，随着样本量的增加，信度曲线基本呈现平直状态，波幅不大。在现有语料条件下，由 100 篇译文构成的训练集基本能够涵盖可能出现的翻译结果，满足译文自动评分系统的需要，但该结论还需要更大样本数据的验证和支撑。

9.2　本书研究价值

第一，本书探索并构建了适合中国二语学习者的三种文体汉译英机助评分系统。虽然国内外作文自动评分系统的研究较多，但汉译英自动评分系统的研究基本为空白。本研究以叙事文、说明文和议论文三种文体的学生译文为语料，经过大规模人工评分、变量挖掘、模型构建、模型验证等阶段，最终构建了三种文体的汉译英自动评分模型，为中国学生汉译英自动评分系统投入实际应用打下了良好基础。

第二，在不同文体条件下，本研究挖掘并验证了能够预测中国二语学习者汉译英文本的有效变量，挖掘的 67 个形式和语义变量中，有59 个变量在三种文体评分模型中至少出现了一次，有力地证实了本研究所发掘的形式和语义变量在不同文体自动评分模型中应用的可靠性和有效性。

第三，通过三种文体多比例多轮次评分模型构建，本研究发现了汉译英自动评分系统中的共性参数，形式变量有句子数和类符数，语义变量有语义点、一元组、二元组和 SVD 变量。如能进一步确定这些共性参数在自动评分模型中的权重系数，无需人工评分就能实现汉译英评分系统的通用化和全自动化。

第四，在更大文本范围和更多文体中验证了王金铨（2008）所构建的评分模型。王金铨（2008）的研究只限于一种文体（叙事文），且只一次性做了一种比例（150 训练集：150 验证集）诊断性测试评分模型和四种比例（30：270；50：50；100：200；150：150）选拔性测试评分模型的构建和验证工作，研究结果表明，由 100 篇译文构成的训练集在评分信度和效度上能够满足译文自动评分系统的需要。本研究在三种文体、多种比例训练集、多次随机分组的基础上对王金铨（2008）的研究做了进一步验证和拓展，为中国学生汉译英机助评分系统提供了更有力的数据支撑和技术保障。

9.3　模型应用中的注意事项

1. 人工评分和最佳译文集合

人工评分是任何自动评分系统成功的关键。本研究采用分析性评分方法，从形式和语义两个方面制定了非常详细的评分细则。评分细则综合了文献中的定性和定量翻译质量评价方法，形式评分标准包括语言准确性和语言恰当性两个方面，按照错误的严重程度和错误数量作为翻译形式质量评价的指标。语义评分标准通过提取若干与句意密切相关的语义信息点，对译文逐句按点评分。人工评分的质量决定了评分模型的优劣，一方面研究者要制定细致合理、可操作性强的评分标准，把握译文中关键的语义信息点，可以请翻译专家和有经验的评分员共同参与语义点的遴选。另一方面，优质的人工评分是模型构建的基础，评分前，研究者应组织评分员进行培训，直至能正确把握评分标准，做到客观准确评分。

最佳译文集合是模型构建过程中机器学习重要的数据源，待测译文与最佳译文之间的差距决定了译文质量的优劣。本研究使用的最佳译文集合由两部分构成：5 篇专家译文和 20 篇优秀学生译文。专家译文翻译质量毋庸置疑，但专家译文的翻译视角和翻译水平与学生在测试环境下的译文还是存在一定的区别，因此本研究按照语义成绩提取了前 20 篇学生译文，经过专家修正后进入最佳译文集合。最佳译文集合应保证一定数量，尽可能覆盖所允许的翻译选择。

2. 译文质量预测因子

翻译自动评分模型的构建离不开译文质量预测因子的选择与提取，本研究从译文质量"信"和"达"两个方面出发，挖掘相关的语义和形式文本变量，语义变量包括语义点、N 元组和 SVD 值，分别从不同角度衡量译文的语义质量，建模结果显示这三类变量在语义自动评分模型中出现频率很高且效果良好，三种文体语义评分模型的机器评分与人工评分相关系数均在 0.85 以上，表现出很好的预测能力。形式变量包括三类：与字词相关的变量、与句子相关的变量和与篇章相关的变量。这三类变量中，句子数、形符数、类符数和分级词汇在形式评分模型中出现概率很大且表现良好。

本研究为了避免文本特征越多成绩越好或者越少越好的现象，在预测变量中引入了最佳译文的做法。形式变量中句子数、形符、类符、形符类符比、平均句长的数值是待测译文与最佳译文集合同类变量的差值绝对值。语义变量中的 N 元组和 SVD 也是以最佳译文集合作为评判标准。N 元组是从最佳译文集合中提取的频率大于 2 次的 1—4 元组，不仅包含了该语篇正确的语义，还从形式上考察了译文质量。SVD 值计算时是将最佳译文集合排列于词语频率矩阵首列，计算其他待测译文与最佳译文的语义相似度。实践证明，本研究引入最佳译文均值的做法提高了模型自动评分的信度和效度，避免了单纯以数量论质量的窠臼。

提取语义点和 N 元组时应注意不要重复计算，否则会留下系统漏洞，不断重复某些语义点或 N 元组有可能欺骗系统，获取不当得分。另外，为去除文本中的噪音，提取 SVD 值和语义点时应对译文文本做词形还原，提高效率，减少计算语义相似度时的干扰。

3. 模型构建

本研究构建了三种文体共计 180 个不同比例的评分模型，在模型构建过程中，有几点需要注意：（1）模型构建前需要计算文本变量与相应人工评分的相关系数，只有呈现相关关系的变量才能作为自变量进入多元回归分析。（2）建模时建议使用逐步回归方法，且勾选 colinearality diagnostics，检查模型是否存在共线性问题。（3）初步建模后，要考察模型中各变量的 β 值，如果相关系数为正，但是 β 值为负时，回归方程可能存在共线性问题，应剔除该变量重新建模。（4）模型构建时，应密切关注方差膨胀系数（VIF）和容忍度（Tolerance）值，如果方差膨胀系数大于 10，容忍度低于 0.2，表示模型存在共线性问题，此时应考察模型内变量之间是否存在相关系数过高的问题，适当剔除部分变量，消除共线性问题。

9.4　研究不足

首先，作为初创性研究，本研究构建了叙事文、说明文和议论文等三种文体的自动评分模型，受语料容量所限，每一种文体译文数量一般为 300 篇左右，系统性能还需要在更大语料范围内进一步验证。

本研究结果验证了王金铨（2008）研究的结论，100 篇译文训练集所包含的形态各异的译文形式基本能够满足翻译测试评分的需要，但是 100 篇译文训练集能否满足更大规模翻译测试的需要还有待大数据的验证。

翻译是一个富有创造性的活动，由于最佳译文集合数量有限，对于学生译文中的创造性译法可能会出现误判的情况，影响系统评分效果。不过，这一问题在人工评分时也可能存在。

9.5　未来研究展望

第一，系统将增加每一种文体的翻译篇目，在更大数据范围内测试系统性能，考虑在某次大规模翻译测试中尝试运用本系统，进一步验证评分系统的信度和性能。

第二，进一步挖掘新的形式和语义变量，从各种不同的角度解释译文质量，不断提高自动评分系统的预测能力。

第三，随着译文篇数的增加，考虑提取体现译文质量共性的参数，实现汉译英评分系统的全自动化。

第四，目前，纸质文本还是通过人工录入的方式转为电子文本，然后为翻译评分系统所用，考虑在自动评分系统中加入文字识别模块，实现纸质文本电子化。

第五，系统将考虑更多实际翻译测试中可能出现的问题，减少考生作弊的可能性，保证系统的稳定性和可靠性。

第六，确定本研究建模过程中发现的共性参数在自动评分模型中的权重系数，实现汉译英评分系统的通用化和全自动化。

参考文献

Attali, Y. (2004). Exploring the Feedback and Revision Features of Criterion. Presented at the National Council on Measurement in Education (NCME). San Diego, CA.

Attali, Y. (2007). *Construct Validity of E-rater in Scoring TOEFL Essays*. ETS. RR-07-21.

Bachman, L. F. & Palmer, A. S. (1999). *Language Testing in Practice*. Shanghai: Shanghai Foreign Education Press.

Baker, M. (1995). Corpora in Translation Studies: An Overview and Some Suggestions for Future Research, *Target* 7 (2): 223-243.

Baker, M. (2001). *Routledge Encyclopedia of Translation Studies*. London: Routledge.

Banerjee, S, Lavie, A. (2005). METEOR: An automatic Metric for MT Evaluation with Improved Correlation with Human Judgments. Proc of ACL Workshop on Intrinsic and Extrinsic Evaluation Measures for Machine Translation and/or Summarization.

Bassu, D. & Behrens, C. (2003). Distributed LSI: Scalable Concept-based Information Retrieval with High Semantic Resolution. Presented at the 3rd SIAM International Conference on Data Mining (Text Mining Workshop). San Francisco, CA.

Bereiter, C. (2003). *Automated Essay Scoring: A Cross Disciplinary Approach*. Mahwah, NJ: Lawrence Erlbaum Associates.

Berry, M. W., Dumais, S. T. & O'Brien, G. W. (1995). Using Linear Algebra for Intelligent Information Retrieval, *SIAM Review* 37 (4).

Biber, D. (1988). *Variation across Speech and Writing*. Cambridge: Cambridge University Press.

Bowerman, B. L. & O'Connell, R. T. (1990). *Linear Statistical Models: An Applied Approach* (Second Edition). Boston: Pws-Kent Publishing Company.

Bowen, W. G., Chingos M. M. & McPherson, M. S. (2009). Crossing the Finish Line: Completing College at America's Public Universities. Princeton, NJ: Princeton University Press.

Brew, C. & Thompson, H. (1994). Automatic Evaluation of Computer Generated Text: A Progress Report on the TextEval Project. Presented at Human Language Technology Workshop (ARPA/ISTO).

Bruce, R. (2003). *Statistical Modeling and Analysis for Database Marketing: Effective Techniques for Mining Big Data*. New York: CRC Press.

Brunette, Louise (2000). Towards a Terminology for Translation Quality Assessment, *The Translator* 6 (2): 169-182.

Bursein, J. (2003). The E-rater Scoring Engine: Aotomated Essay Scoring with Natural Language Processing. In Shermis, M. D., Burstein, J. C. (Eds). *Automated Essay Scoring: A Cross Disciplinary Perspective*. Mahwah, NJ: Lawrence Erlbaum Associates.

Burstein, J. & Chodorow, M. (1999). Automated Essay Scoring for Nonnative English Speakers. Presented at the ACL99 Workshop on Computer-Mediated Language Assessment and Evaluation of Natural Language Processing. College Park, MD.

Burstein, J. C., Marcu, D., Andreyev, S, & Chodorow, M. (2001). Towards Automatic Classification of Discourse Elements in Essays. In Proceedings of the 39 th annual meeting of the Association for Computational Linguistics, France.

Burstein, J., Chodorow, M. & Leacock, C. (2004). Automated Essay Evaluation: The Criterion Online Writing Service, *AI Magazine* 25 (3): 27-36.

Carlson, S. B. (1988). *Relationships of Reasoning and Writing Skills to GRE Analytical Ability Scores*. GRE Board Report. 84: 23.

Chodorow, M. & Burstein, J. (2004). *Beyond Essay Length: Evaluating E-rater's Performance on TOEFL Essays*. ETS. RR-73.

Chung, K. W. K. & O'Neil, H. F. (1997). *Methodological Approaches to Online Scoring of Essays*. ERIC. ED 418 101.

Crossley, S. A. et al. (2011). Predicting Human Scores of Essay Quality Using Computational Indices of Linguistic and Textual Features [C] //G. Biswas, et al. Proceedings of the 15th International Conference on Artificial Intelligence in Education. New York: Springer, 438-440.

Crossley，S. A. & D. S. (2011). McNamara. Text Coherence and Judgments of Essay Quality: Models of Quality and Coherence [C] // L. Carlson, et al. Proceedings of the 29th Annual Conference of the Cognitive Science Society. Austin: Cognitive Science Society, 1236-1241.

Crossley, S. A., Kyle, K., & McNamara, D. S. (2016). The Tool for the Automatic Analysis of Text Cohesion (TAACO): Automatic Assessment of Local, Global, and Text Cohesion. *Behavior Research Methods*, 48(4), 1227-1237.

Cohen, Y., Ben-Simon, A. & Hovav, M. (2003). The Effect of Specific Language Features on the Complexity of Systems for Automated Essay Scoring. Paper presented at the IAEA 29th Annual Conference. Manchester, UK, October, 2003.

Colina, S. (2008). Translation Quality Evaluation: Empirical Evidence for a Functionalist Approach, *Translator Studies in Intercultural Communication* 14 (1): 97-134.

Colina, S. (2009). Further Evidence for a Functionalist Approach to Translation Quality Evaluation, *Target* 21 (2): 235-264.

Cook, G. (1994). *Discourse and Literature*. Oxford: Oxford University Press.

Darlington, R. B. (1968). Multiple Regression in Psychological Research and Practice, *Psychological Bulletin* (69): 161-182.

David M. W. & others, (2010). *Automated Scoring for the Assessment of Common Core Standards* (Washington, London & New York: Educational Testing Service, Pearson PLC, and College Board, https://www.ets.org/s/commonassessments/pdf/ AutomatedScoringAssessCommonCoreStandards.pdf (accessed 05/01/2015).

Deerwester, S., et al. (1990). Indexing by Latent Semantic Analysis, *Journal of the Society for Information Science,* 41 (6).

Doughlas, B., et al. (2000). *Longman Grammar of Spoken and Written English*. Beijing: Foreign Language Teaching and Research Press.

Dumais, S. T., et al. (1988). Using Latent Semantic Analysis to Improve Information Retrieval. Presented at CHI'88: Conference on Human Factors in Computing. New York.

Elliot, S. (2000). *A Study of Expert Scoring and IntelliMetric Scoring Accuracy for Imensional Scoring of Grade 11 Student Writing Responses*. Newtown, PA: Vantage Learning.

Elliot, S. (2002). *A Study of Expert Scoring, Standard Human Scoring and IntelliMetric Scoring Accuracy for Statewide Eighth Grade Writing Responses*. Newtown, PA.: Vantage Learning.

Elliot, S. (2003). IntelliMetric: From Here to Validity. In Shermis, M. D.Burstein, J. C. (Eds). *Automated Essay Scoring: A Cross Disciplinary Approach*. Mahwah, NJ: Lawrence Erlbaum Associates.

Esfandiari R., Arefian M. H. (2023). Developing collective eyes for Iranian EFL teachers' computer-assisted language assessment literacy through internet-based collaborative reflection. *Education and Information Technologies*, 2023: 1-22.

Fan, K., et al. (2018). "Bilingual expert" can find translation errors[C]// Proceedings of the AAAI Conference on Artificial Intelligence.

Foltz, P. W. & Dumais, S. T. (1992). Personalized Information Delivery: An Analysis of Information Filtering Methods, *Communications of the ACM* 35 (12): 51-60.

Foltz, P. W., Laham, D., & Landauer, T. K. (1999). The Intelligent Essay Assessor: Applications to Educational Technology. *Interactive Multimedia Electronic Journal of Computer-Enhanced Learning, 1* (2). http://imej.wfu.edu/articles/1999/2/04/printver.asp. (Accessed 12/12/2014)

Foltz, P. W. (2007). Discourse coherence and LSA [C] // T. K. Landauer, et al. *Handbook of Latent Semantic Analysis*. Mahwah: Erlbaum, 167-184.

Halliday, M. A. K. & Hasan, R. (1976). *Cohesion in English*. London: Longman.

House, J. (1997). *Translation Quality Assessment: A Model Revisited*. Tübingen: Gunter Narr Verlag.

House, J. (2001). Translation Quality Assessment: Linguistic Description Versus Social Evaluation, *Meta*. XLVI: 243-257.

James, C. F. (1918). *Expressive English*. New York & London: Funk & Wagnalls Company.

Jin Y, Zhu B & Wang W. (2017). Writing to the Machine: Challenges Facing Automated Scoring in the College English Test in China. Presentation at the 39th Language Testing Research Colloquium, Bogota, Colombia.

Julian H. (2015). *Translation Quality Assessment: Past and Present*. Oxon & New York: Routledge.

Kidwell, J. & Brown, L. (1982). Ridge Regression as a Technique for Analyzing Models with Multicollinearity, *Journal of Marriage and the Family* (44): 287-299.

Laham, D. (1997). Automated Holistic Scoring of the Quality of Content in Directed Student Essays through Latent Semantic Analysis. Unpublished Master's Thesis, University of Colorado, Boulder, Colorado.

Laham, D. (1997). Latent Semantic Analysis Approaches to Categorization. In Shafto, M. G.Langley, P. (Eds). *Proceedings of the 19th Annual Conference of the Cognitive Science Scociety*. Hillsdale, NJ: Lawrence Erlbaum Associates, Inc.

Landauer, T. K., Foltz, P. W. & Laham, D. (1998). Introduction to Latent Semantic Analysis, *Discourse Processes* (25).

Landauer, T. K., Laham, D. & Foltz, P. W. (2003). Automated Essay Scoring and Annotation of Essays with the Intelligent Essay Assessor. In Shermis, M. D., Burstein, J. C. (Eds.). *Automated Essay Scoring: A Cross Disciplinary Perspective*. Mahwah, NJ: Lawrence Erlbaum Associates.

Landauer, T. K., Laham, D., & Foltz, P. W. (2000). The Intelligent Essay Assessor. In Hearst, M. A. (Eds.), *The Debate on Automated Essay Grading*. IEEE Intelligent Systems, 27-31.

Landauer, T. K., Laham, D., & Foltz, P. W. (2003). Automated Essay Scoring: A Cross Disciplinary Perspective. In M. D. Shermis and J. C. Burstein (Eds.), *Automated Essay Scoring and Annotation of Essays with the Intelligent Essay Assessor* (pp. 87-112). Mahwah, NJ: Lawrence Erlbaum Associates.

Landauer, T. K., et al. (1997). How Well Can Passage Meaning Be Derived Without Using Word Order? A Comparison of Latent Semantic Analysis and Humans. In M. G. Shafto & P. Langley (Eds.), *Proceedings of the 19th Annual Meeting of the Cognitive Science Society* (pp. 412-417). Mahwah, NJ: Erlbaum.

Lauscher, S. (2000). Translation Quality Assessment: Where Can Theory and Practice Meet?, *The Translator* 6 (2):149-168.

Lehrberger, J. (1988). *Machine Translation: Linguistic Characteristics of MT Systems and General Methodology of Evaluation*. Amsterdam: John Benjamins Publishing.

Liou, J. M., et al. (2013). Sequential Versus Triple Therapy for the First-line Treatment of Helicobacter Pylori: A Multicentre, Open-Label, Randomised Trial. *The Lancet*, 381 (9862), 205-213.

Loewenthal, K. M. (2001). *An Introduction to Psychological Tests and Scales*. London: Psychology Press.

Marina, D. (2005). *Artificial Intelligence in Second Language Learning: Raising Error Awareness*. Buffalo, NY: Multilingual Matters.

Mark, R. W. & Meryl, W. B. (2005). *Systems for State Science Assessment*. Washington, DC: National Academies Press.

Mason, O. & Grove-Stephenson, I. (2002). Automated Free Text Marking with Paperless school. In M. Danson (Ed.), Proceedings of the Sixth International Computer Assisted Assessment Conference, Loughborough University.

Munday, J. (1998). A Computer-Assisted Approach to the Analysis of Translation Shifts, *Meta* 43 (4): 542-556.

Munday, J. (2001). *Introducing Translation Studies*. London & New York: Routledge.

Myers, R. (1990). *Classical and Modern Regression with Applications*. Boston: Duxbury Press.

Neubert, A. (1985). *Text and Translation*. Leipzig: Verlag Enzyklopadie.

Neubert, A. (1992). *Translation as Text*. Kent: Ohio: Kent State University Press.

Newmark, P. (1988). *A Textbook of Translation*. New York: Prentice Hall.

Newmark, P. (1981). *Approaches to Translation*. London: Prentice Hall.

Nichols, P. D. (2004). Evidence for the Interpretation and Use of Scores from an Automated Essay Scorer. Presented at the annual meeting of the American Educational Research Association (AERA). San Diego, CA.

Mathur, N. , Baldwin, T., & Cohn, T. (2019). Putting Evaluation in Context: Contextual Embeddings Improve Machine Translation Evaluation. In Proceedings of the 57th Annual Meeting of the Association for Computational Linguistics, pages 2799-2808, Florence, Italy. Association for Computational Linguistics.

Nida, E. A. & Taber, Chr R. (1969). *The Theory and Practice of Translation*. Leiden: E. J. Brill.

Niessen, S., Och, F.J., Leusch, G., & Ney, H. (2000). An Evaluation Tool for Machine Translation: Fast Evaluation for MT Research. In Proceedings of the 2nd International Conference on Language Resources and Evaluation.

Noel, W. & Patrik, H. (1989). *Computers and Writing: Models and Tools*. Norwood, N.J.: Ablex Pub.

Nord, Christiane (1997). *Translating as a Purposeful Activity: Functionalist Approaches Explained*, Manchester: St. Jerome.

Page, E. B. (1968). The Use of Computer in Analyzing Student Essays, *Int'l Rev. Education* (14): 210-225.

Page, E. B. (2003). Project Essay Grade: PEG. In Shermis, M. D., Burstein, J. (Eds). *Automated Essay Scoring: A Cross-disciplinary Perspective*. NJ: Lawrence Erlbaum Associates.

Page, E. B. (1967). Statistical and Linguistic Strategies in the Computer Grading of Essays Proceeding COLING '67 Proceedings of the 1967 Conference on Computational linguistics.

Papineni, K. & Roukos, S. (2002). Bleu: A Method for Automatic Evaluation of Machine Translation. Presented at the 40th Annual Meeting of the Association for Computational Linguistics (ACL). Philadelphia.

Rajman, M. & Hartley, T. (2001). Automatically Predicting MT Systems Rankings Compatible with Fluency, Adequacy or Informativeness Scores. Presented at the Workshop on Machine Translation Evaluation: "Who Did What To Whom". Santiagode Compostela, Spain.

Reiss, K. (1971/2004). *Translation Criticism: The Potentials and Limitations* (Erroll. F. Rhodes. Trans.). Shanghai: Shanghai Foreign Language Education Press.

Russo-Lassner, G., Lin, J., & Resnik, P. (2005). A Paraphrase-based Approach to Machine Translation Evaluation. Technical Report LAMP-TR-125/CS-TR-4754/ UMIACS-TR-2005-57, University of Maryland, College Park, Maryland.

Shei, C. C. (2001). FollowYou!: An Automatic Language lesson Generation System. *Computer Assisted Language Learning*, 14 (2), 129-144.

Shermis M. D., (2014). State-of-the-art Automated Essay Scoring: Competition, Results, and Future Directions from a United States Demonstration, *Assessing Writing* 20: 53-76.

Slotnick, H. (1972). Toward a Theory of Computer Essay Grading, *Journal of Educational Measurement* (9): 253-263.

Snover, M., et al. (2005). A Study of Translation Error Rate with Targeted Human Annotation. Technical Report LAMP-TR-126, CS-TR-4755, UMIACS-TR-2005-58, University of Maryland, College Park.

Snover, M., Nitin, M., Bonnie, J. D. & Richard, S. (2009). Fluency, Adequacy, or HTER? Exploring Different Human Judgments with a Tunable MT Metric, In *Proceedings of the 4th Workshop on Statistical Machine Translation* (WMT-09), 30-31 March 2009, Athens, Greece, 259-268.

Streeter, L., Psotka, J., Laham, D., & MacCuish, D. (2004). The Credible Grading Machine: Essay Scoring in the DOD [Department of Defense]. http://citeseerx.ist. psu.edu/viewdoc/download?doi=10.1.1.6.6520&rep=rep1&type=pdf (Accessed 02/03/2014).

Tillmann, C., Stephan V., Hermann N., & Alex, Z. (1997). A DP-based Search Using Monotone Alignments in Statistical Translation. In Proceedings of the 35th Annual Meeting of the Association for Computational Linguistics (ACL).

Turney, P. D. (2005). Measuring Semantic Similarity by Latent Relational Analysis. Presented at the Nineteenth International Joint Conference on Artificial Intelligence. Edinburgh, Scotland.

Valenti, S., Neri, F., & Cucchiarelli, A. (2003). An Overview of Current Research on Automated Essay Grading, *Journal of Information Technology Education*, (2).

Van D. (1977). Text and Context. *Explorations in the Semantics and Pragmatics of Discourse*. London: Longman.

Walker, D. A. (2003). Suppressor Variable(s) Importance Within a Regression Model: An Example of Salary Compression from Career Services, *Journal of College Student Development* 44 (1): 127-133.

Wang, J. & Stallone, B. (2008). Automated Essay Scoring Versus Human Scoring: A Correlational Study, *Contemporary Issues in Technology and Teacher Education*, 8 (4), 310-325. Association for the Advancement of Computing in Education (AACE).

Williams, M. (2004). *Translation Quality Assessment: An Argumentation-centered Approach*. Ottawa: University of Ottawa Press.

Wilson, D. S. (1997). Introduction: Multilevel Selection Theory Comes of Age. *The American Naturalist*, 150 (S1), s1-s21.

Wolfe-Quintero, K., Inagaki, S. & Kim, H. Y. (1998). *Second Language Development in Writing: Measures of Fluency, Accuracy & Complexity*. Hawaii: Hawaii University Press.

Yang, Y. W., et al. (2002). A Review of Strategies for Validating Computer-automated Scoring, *Applied Measurement in Education*, 15 (4): 391-412.

Zhang, Mo. (2013). Contrasting Automated and Human Scoring of Essays (Report Number: RDC-21). Princeton, NJ: Educational Testing Service.

Zhang W, Zhang L J, Wilson A J. (2021) Supporting Learner Success: Revisiting Strategic Competence Through Developing an Inventory for Computer-assisted Speaking Assessment. *Frontiers in Psychology*, 12: 689581.

Zhao, Q. Y. (2022) A Study on Relationship Between Text Coherence and Second Language Writing Quality Based on TAACO. *Modern Linguistics*, 10 (7): 1507-1513.

部寒，王立非（2021），基于语料库的中美企业财务语篇可读性对比分析，《解放军外国语学院学报》，44（1）：71-78，128.

范守义（1987），模糊数学与译文评价，《中国翻译》（4）：2-9.

傅雷（1984），《高老头》重译本序，《翻译论集》，载罗新璋（编）。北京：商务印书馆，558.

辜正坤（1989/1994），翻译标准多元互补论，《翻译新论》，载杨自俭、刘学云编。武汉：湖北教育出版社.

桂诗春（2003），潜伏语义分析的理论及其应用，《现代外语》（1）：76-84.

何三宁（2008），《湖北大学学报》（6）：120-124.

何三宁（2008），翻译质量评估在我国译学中的定位，《湖北大学学报》（哲学社会科学版）（6）：120-124.

何三宁（2012），再探翻译质量评估参数，《中国翻译》（2）：27-31.

侯国金（2005a），语用标记价值假说与语用标记等效翻译假说，《外语学刊》（2）：15-23.

侯国金（2005b），语用标记等效值，《中国翻译》（5）：30-34.

黄成洲（2009），《汉英翻译技巧——译者的金刚钻》。西安：西北工业大学出版社.

江进林、文秋芳（2012），大规模测试中学生英译汉机器评分模型的构建，《外语电化教学》（2）：3-8.

居组纯（2002），《新编汉英语篇翻译强化训练》。北京：清华大学出版社.

金艳、王伟、杨浩然（2021），语言测试中的技术应用：基于大学英语四、六级考试的实践分析，《外语测试与教学》（1）：1-7+27.

金艳、杨惠中（2018），走中国特色的语言测试道路：大学英语四、六级考试三十年的启示，《外语界》（2）：29-39.

柯飞（2005），翻译中的隐和显，《外语教学与研究》（4）：307.

李迪（2021），语言测试公平性检验量表研制与效度验证，《外语界》（1）：88-95.

李金辉（2009），使用潜伏语义分析理论研究计算机改中国学生英语作文，广东外语外贸大学.

黎秋艳、刘佳祎、王鹏等（2023），基于GloVe-CNN算法的英语在线考试主观题自动评分模型，《桂林理工大学学报》（1）：155-160.

梁茂成（2005），中国学生英语作文自动评分模型的构建，博士学位论文，南京大学.

梁茂成（2006），学习者书面语语篇连贯性的研究，《现代外语》（3）：284-292.

梁茂成（2006），学习者英语书面语料自动词性赋码的信度研究，《外语教学与研究》38（4）：279-286.

林语堂（1984），《论翻译》，翻译论集，载罗新璋（编）。北京：商务印书馆，418.

刘泽权、张冰（2012），我国翻译质量评价研究的现状与趋势，《燕山大学学报》（哲学社会科学版）（3）：96-100.

穆雷（1991），用模糊数学评价译文的进一步探讨，《外国语》（2）：66-69.

彭翕成、曹洪洋（2022），计算机自动生成数学命题——以三元均值不等式的加强为例，《数学通报》61（2）：43-45+48.

钱锺书（1984），林纾的翻译，《翻译论集》，载罗新璋（编）。北京：商务印书馆，696.

沈苏儒（1984），论"信、达、雅"，《翻译论集》，载罗新璋（编）。北京：商务印书馆，942-948.

司显柱（2004），论功能语言学视角的翻译质量评估模式研究，《外语教学》（4）：45-49.

屠国元、王飞虹（2003），跨文化交际与翻译评估——J. House《翻译质量评估修正模式》述介，《中国翻译》（1）：160-162.

王金铨（2008），中国学生汉译英机助评分模型的研究与构建，博士学位论文，北京外国语大学.

王金铨、梁茂成、俞洪亮（2007），基于 N-gram 和向量空间模型的语句相似度研究，《现代外语》（4）：405-413.

王金铨、王克非（2008），计算语言学视角下的翻译研究，《外国语》（3）：78-83.

王金铨、文秋芳（2010），国内外机器自动评分系统评述——兼论对中国学生翻译自动评分系统的启示，《外语界》（1）：75-80.

文秋芳（2006），英语专业学生口语词汇变化的趋势与特点，《外语教学与研究》38（3）：189-195.

文秋芳、王文宇、周丹丹、王艳（2005），全国英语专业八级口试体系的研究与实施，《外语界》（5）：53-58.

文艺、朱宪超（2014），翻译质量的探讨——相关方、企业解决思路和行业趋势，《中国翻译》（2）：83-86.

武光军（2007），当代中西翻译质量评估模式的进展、元评估及发展方向，《外语研究》（4）：73-79.

杨晓荣（2005），翻译批评导论，北京：中国对外翻译出版公司.

杨晓荣（2008），《汉英翻译基础教程》，北京：中国对外翻译出版公司 .

杨志红（2012），翻译质量量化评估：模式、趋势与启示，《外语研究》（6）：65-69.

于明诚、党亚固、吴奇林等（2023），基于多尺度上下文的英文作文自动评分研究，《计算机工程》：1-9.

张利东、朱一清（2022），基于深度学习的主观题自动评分效度研究——以大学校本英语水平考试汉译英试题为例，《外语界》（2）：41-48+55.

张文彤（2002），《SPSS11 统计分析教程高级篇》。北京：希望电子出版社.

周洲、侯开虎、姚洪发等（2019），基于 TF-IDF 及 LSI 模型的主观题自动评分系统研究，《软件》（2）：158-163.

附　录

附录一　叙事文语义点参考译文

语义点	语义点参考译文
新鲜感	the sense of novelty, curiosity, feel curious, the feeling of being a new comer to the school
消失	wear off, disappear(ing), gone, vanish, fade(d) (away), disappearance, diminish(ed), wore off
信	letters
少了	(become) less frequent, less, fewer (letters), decrease(s), reduce(d), decline(d), not so often as before, fewer letters than before, fewer and fewer
不会再	no longer, never, stop, would not, any more, will not, won't
饭盒	rice bowl, lunch box, bowl
磕掉一块瓷	having got chipped, breaking/knocked off a piece of porcelain, had a piece of china off my bowl, one piece of china was off from the lunch-box
之类的事	trifles, trivial things/matters, something trivial, little things
告诉父母	tell (my/our) parents, tell them
写家信	writing to and hearing from home, writing (letters) home/ to my family, writing (letters) to my parents, writing family letters
最大好处	one of the biggest/greatest advantages
让我觉悟	discover/notice, make(s/d) me (become)(suddenly) aware/conscious of, realize, recognize, discover, understand, feel, sense

（待续）

（续表）

语义点	语义点参考译文
深藏不露的	subtle/ hidden, (the humor) I have never found before, (the humor) which/that was deeply hidden, (humor) which was hard to perceive, (the humor) hidden deeply in my parents' mind
幽默	sense of humor, humor, humors
回信	reply, replies, letters in reply, reply letters
除了	besides, apart from, in addition to, not only … but also
老生常谈	the oft-repeated injunctions/words, cut-and-dried words, cliché, platitude, trite remarks, old topic/s, routine talks, repeated request/advice/urge/words, common requirements
好好学习	study hard, studying hard, work(ing) hard
遵守纪律	observe, obey, abide by, comply with, follow, stick to (the) (school/college) regulations/rules, observe the school do's and don'ts, not to violate the regulations, should not break rules, obeying the school's discipline
还有	there were
令大学教授都为之皱眉	baffle/ confuse / perplex (some/our/university/college) professors, make (even) (our) (university/college) professors baffled/confused/perplexed/frown/knit their brows, make the professor in college frown, make the professors in the university confused, put university professors in a difficult position, difficult for the professors, university professors would feel puzzled
离奇的事	the most complicated/strange questions, fantastic issues, incredible/strange/mysterious/unbelievable things
最近一封来信	a letter a few days ago, a recent letter, the/their latest letter, a letter from home recently
联合国秘书长安南	the UN Secretary General, (Koffi) Annan
解决	defuse, solve, settle/settlement, resolve, deal with, handle

（待续）

（续表）

语义点	语义点参考译文
武器核查危机	the crisis over/of weapons/arms check/inspection/investigation, arms crisis, weapon inspection crisis, weapon-check crisis, weapon checking crisis
前往巴格达	in Iraq, went/ flew to/ head for/ leave for Iraq/Baghdad, on his way to Iraq/Baghdad
进行外交斡旋	conduct diplomatic mediation, diplomacy mediation, do some diplomatic negotiations, diplomatic good offices
父亲在信中说	my father said/asked/argued in the letter,
报上	in the press/newspaper
隐形战斗机	the invisible/stealth fighter/ bomber/ battle plane
分明可以看到	is (actually) visible, can/could be (actually) seen, can/could see
干嘛	why, how
说它"隐形"	give it such a name, call it invisible, called invisible
对于这类问题	their questions, as to / with/in regard to/ as regards such (kind of) questions, answer to questions like this, as for this kind of questions, (for) such questions, as far as these questions are concerned
写信	write, write letters, in (my) letter(s)
耐心	patient, patiently, with patience
解释给他们听	elicit (patient) answers from me, explain(ed) to them/him, give the explanation, explain(ed), explain such questions (the reason) (to them), explained this kind of questions to them, explanation(s)
回答不了的	not knowledgeable enough, fail(ing) to answer, unable to answer, beyond my ability/knowledge, have no idea, (cannot (not)/ could not, can't, couldn't) answer/explain
查资料	look into/up, consult, refer to, turn to (relevant/the) materials / reference books/ the literature/ references, search for the information
问老师	turn to/ ask (my/the) teacher(s)/professors for help, consult/inquire my teachers, ask (the) teacher(s)

（待续）

（续表）

语义点	语义点参考译文
满足	satisfy, meet
编外大学生	extra (fellow-) college/university students
求知欲望	the thirst/desire/appetite/lust for knowledge
去年寒假回家	was vacationing at home last winter, last winter holiday/vacation
母亲竟然	My mother surprised me by; to my (great) surprise, surprisingly, out of my expectation, unexpectedly, miraculously, mother
背诵出	Recite(ing), memorize
"信息高速公路" 的定义	the definition of Information Highway/ superhighway
有几处	some/several points, sometimes, in some places, some parts
父亲	father
提醒	Promptings, hints, tips, remind, reminder, prompt, with the/ a little/ some help of (my father/dad), help(ed) her (a little), with my father's help
父母	parents
需要	need, want, in need of
新鲜知识	new knowledge, new information
倾心交流	heart-to-heart/ heart to heart/ heartfelt/ sincere communication, need communicate(ing) heart to heart,
关爱和理解	filial love/ affection, love/ care and understanding, love and understand, want being loved and being understood,
家信	(need) being concerned and understood , letters, (writing) home/ family letters, a letter to home
再好不过了	the very thing for the purpose, the most desirable, the best choice/ means/way/channel/medium/method/form, nothing (is) better (than), no better choice/way, nothing can provide this better than writing letters
拿起笔来	let's/ please take/pick up our pens/your pen

（待续）

（续表）

语义点	语义点参考译文
写封家信	write to them often, write(ing) a letter home, write home, write (a letter) to your family/parents, write a family letter
偶尔	occasionally, sometimes, once in a while
撒个娇也无妨	talk to them like spoilt(ed) children, act/behave like/as spoilt(ed) children/ a spoilt child

附录二 说明文语义点参考译文

语义点	语义点参考译文
轻工业部	Ministry of Light Industry/ Light Industry Department
定点生产牙膏	定点：designate, appoint; 生产：produce, make, manufactur; 牙膏：toothpaste, dentifrice
中型企业	中型：medium-sized/ middle-sized; 企业：enterprise
先进企业	先进：top, advanced; 企业：enterprise
工程技术人员	engineers and technicians/ engineering technician/ engineering technologist/ engineering technique staff
丰富的专业技术知识	丰富的：rich, abundant, plentiful, bountiful; 专业技术知识：expertise, professional technology knowledge
检测设备先进，手段齐全	检测：testing, detecting, detection; 设备：facilities, equipment, instrument; 先进：advanced, latest; 手段：means, methods, ways; 齐全：of all kinds, complete
国际先进水平	国际：word-class/ international; 先进：advanced, leading, top; 水平：level, standard

（待续）

（续表）

语义点	语义点参考译文
制牙膏机	制：making, producing； 牙膏：paste, toothpaste； 机：machine, machinery
灌装包装设备	灌装：filling； 包装：packing, packaging； 设备：apparatus, device, machinery, equipment, machine
14 个品种规格	品种规格：kinds, specifications/type/category/variety
名优……芒果	名优：famous, brand-name, high-reputation, superior, well-known, excellent, distinctive, high quality, with reputation； 芒果：mango
几十年来畅销不衰	几十年来：decades, several decades, several tens of years, several ten years； 畅销不衰：in great demand, popular, best-seller, sell well/have a ready market/bestseller/ best seller/well sold
迎合……发展趋势	迎合：meet, cater to, cater for, respond to, follow； 发展趋势：trend, inclination, tendency
发明专利产品	patented product
引起……极大兴趣和关注	引起：arouse, draw, attract； 兴趣：interest； 关注：attention, concern, focus
受到消费者的青睐	受到青睐：appeal to, welcome, popular, favor, well-received, in one's good graces, find favor, enjoy a great popularity, appreciate, take the fancy of, hold one's affection； 消费者：customer, consumer, client

附录三　议论文语义点参考译文

一分为二／有利有弊	Everything/ every coin has two sides. Everything can be divided into two parts/aspects. All has two sides. Everything has its merits and demerits/ advantages and disadvantages. Everything has its pros and cons. Many things are like a two-edged sword.
名望同样也有它的利弊	名望：fame, reputation, prestige, being famous, renown； 同样：same with.../ so does/ so is/ true for/ no exception； 利弊：benefits and drawbacks/ pros and cons/ positive and negative/ advantages and disadvantages
尊敬而又谦逊有礼	尊敬：respect/deferential/reverence； 谦逊有礼：umble/ polite/ courtesy(courteous)/ modest/ humbleness/ with good manners/respectfulness
增强了自豪感和自尊心	增强：promote/ strengthen/ add/ increase/ enhance/ improve / reinforce/ heighten； 自豪感：sense of pride, proud； 自尊心：self-esteem/ self-respect/ proper pride/ ego/ proud of themselves
排起长队	stand in/ queue a long line/ queue up/ line up/ form a long line
瞅他一眼	get/have... a glimpse of/ have a look at/ catch a sight of/ cast a look at/ glimpse
充满友爱和尊敬的世界	友爱：love/ friendship/ kindness/ friendliness； 尊敬：respect/ deferential/ reverence/ esteem； 世界：world
为他突发奇想或者幻想效力	突发奇想：sudden idea/ inspiration/ whim/ impulse/ strange thoughts/ amazing ideas/ abrupt idea/ kink/ unexpected thinking； 幻想：imagination/ dream/ daydream/ illusion/ fantasy/ fancy/ delusion； 效力：serve/ work for/ make efforts for/ devote... to/ contribute to/ be at one's service/ render a service to/ offer one's service to/ be willing to do things for
取悦	satisfy/ make... happy/ appeal to/ flatter/ rejoice/ please/ delight

（待续）

（续表）

有名望的人	a famous/renowed/well-famed/prestigious person, a man with/of good fame/reputation/prestige/repute/renown/celebrity/celebrated/reputable
与之俱来的	be born with/ inborn/ accompany/ come/ go (along/ together) with/ natural/ innate/ inherent/ bring with/ instinctive/ intrinsic/ be endowed with/ bring with/ built-in
不利因素	disadvantage/ unfavorable/ adverse/ elements/factors/negative factor/disadvantage/disadvantageous factor/demerit/ drawbacks
生活受人干扰	invade/ disturb/ interfere/ intervene/ interrupt/ bother/ intrude
放弃个性	放弃：abandon/ give up/ sacrifice/ put aside/ discard/ quit/ drop/ renounce/ desert/ forgo； 个性：character/ personality/ individuality
对公众承担的义务	义务：responsibility/ duty/ obligation/ commitment； 承担：bear/ take (to/towards)/ obligation on his shoulder/ undertake/ shoulder (v.)/ bear responsibility for； 公众：the public
坚持不懈的了解	坚持不懈：insist on/ remorselessly/ persist/ persever in/ unremiting/ spare no effort to/ keep trying to/ stick to/ persistent to do； 了解：know/ explore/ get to know/ discover/ learn/ understand
挖掘、钻到	挖掘：dig (into,up,out)/ excavate/ dredge up/ drill into/ poke one's nose into/ tap into/ unearth； 钻：delve into/ intrude (into)/ slip into/ sneak into/ penetrate into/ infiltrate/ crawl into
详尽地剖析	详尽地：in details/ completely/ detailedly/ thoroughly/ comprehensively/ exaustively/ at large/ at length/ in depth / point for point； 剖析：analyze/ scrutinize/ explore/ anatomize/ dissect/ pierce analyze as possible as they can/ analyze every detail/ analyse details about/ make a detailed analysis
痛苦	pain/ suffering(s)/ misery/ grief/ bitterness/ agony/ anguish/ sorrows/ unhappiness/ torture/ sore/ hurt/ torment

（待续）

（续表）

谨言慎行	be cautious about their action/ speak and act cautiously/ speak attentively and act properly/ speak and behave with caution/ pay attention to their words and manners/ be careful of what they say and act/ be alert on their words and actions/ be prudent about thier saying and behaviour/ watch out for thier behaviors/ be discret in words and deeds
笑料	be laughed at/ joke/ mock/ laughingstock/ joking butt/ scoff/ be made fun of/ butt of jokes/ butt
符合公众形象	公众：public； 形象：image/ impression/ figure/ image in public； 符合：conform to/ match/ meet/ keep in accordance with / accord with/ tally with/ correspond to/ to live up to/ fit/ go with/ be suitable for/ comply with/ compatible with/ become
人为的不自在的生活	人为的：artificial/ factitious/ contrived； 不自在的：uncomfortable/ uneasy/ without/ freedom/ unnatural/ bounded/ constrained/ restrained/ confined/ limited/ unfree； 生活：life

附录四　叙事文参考译文

With the sense of novelty gradually wearing off, my written communication with home becomes less frequent. I no longer tell my parents such trifles as my rice bowl having got chipped. But I've discovered the greatest thing about writing to and hearing from home: My parents do have a subtle sense of humor! In their replies to me, besides the oft-repeated injunctions about the need to "study hard" and "observe the regulations", they'll sometimes raise the most complicated questions which may completely baffle university professors. For instance, I received a letter a few days ago, which my father wrote at the time when Koffi Annan, the UN Secretary General, was mediating in Iraq to defuse the crisis over weapons check. In the letter my old man argued seriously. "Since the invisible fighter described in the press is actually visible, how can they give it such a name?" Their questions always can elicit patient answers from me. If I find myself not knowledgeable enough, I'll look into relevant materials or turn to my teachers for help so as to satisfy the thirst for knowledge of those two extra fellow-college students. When I was vacationing at home last winter, Mom surprised me by reciting the definition of Information Highway. Of course not without several promptings from Dad.

Our parents also need new knowledge, heart-to-heart communion and filial love. Our letters to them are the very thing for the purpose.

Let's take up our pens and write to them often. Occasionally we might even talk to them like spoilt children.

居组纯（2002），《新编汉英语篇翻译强化训练》。北京：清华大学出版社，22-23。

附录五　说明文参考译文

With a history of nearly 40 years, Nanjing Chemical Plant (NCP) ranks among the top enterprises of Jiangsu Province, specializing in the producing of toothpaste. A productive capacity of above 80 million tubes a year is guaranteed by modern technical know-how, advanced testing facilities of all kinds, up-to-date paste-making and packing machinery as well as experienced workers and technicians of NCP.

The products of NCP include toothpaste of 14 kinds in 3 lines, of which MANGO has won decades of high reputation in Africa, the Middle East and East Europe. To meet the current need of the world market, NCP has turned out its latest products, SILK DENTAL CREAM and PEARL KING series, which are attracting great attention from consumers both at home and abroad.

杨晓荣编著（2008），《汉英翻译基础教程》，北京：中国对外翻译出版公司，96-105。

附录六　议论文参考译文

Everything has its good and bad sides. It is the same with Fame.

A famous person is generally greeted with respect and courtesy, which boosts his pride and ego. He is talked about universally and the public queue up just to get a glimpse of him.

When a person is famous, he usually lives in a world of kindness and deference. People are ready to serve his slightest whims and fancies. They go all out to please him, simply because he is a celebrity.

Fame, however, has its attendant drawbacks. The first thing that happens to a man of fame is his loss of privacy. He has to renounce his individuality to become a public figure. His obligations to the public encroach his personal life. The public insist on knowing everything about him. They dissect him as they dig and delve into his personal affairs, making his life a complete misery. Famous people have to be very carefull in thought, action and speech. They are made objects of ridicule when they make slips. They lead an artificial and unnatural life in order to live up to their public image.

黄成洲主编（2009），《汉英翻译技巧——译者的金刚钻》，西安：西北工业大学出版社，243-244。

附录七　叙事文阅读材料（居组纯点评）

15. "入学后的新鲜感消失后，……"。"新鲜感"不宜译作 the sense of freshness。to feel fresh 是"（恢复精力后的）精神抖擞"。我们建议这部分这样译：With the sense of novelty gradually wearing off, ...。sense of novelty 是"新奇感"。novelty n. 来自 novel adj. "新奇的，新颖的"。sense of novelty 常指初到一地、初次接触某事、初次把玩某物件等时的新奇感。这种感觉消失往往是"逐步的"，常用的英语动词是 wear off vi.。

16. "信也渐渐少了，不会再把饭盆磕掉一块瓷之类的事告诉父母了"。"信"字再次出现，不宜再译作 letter，此次译作 written communication。"少了"相应地应译作 less frequent。"饭盆"指"搪瓷大饭碗"，我们译作 rice bowl; bowl 可大可小。按《朗文》提供的图，学生盛饭用的工具应是 bowl，不宜译作 rice basin。"磕掉"不宜照搬汉英词典译作 knock off。knock off 是故意"敲掉"。英语中有一个词专门指碗碟边缘的瓷被磕掉：chip。

翻译"……之类的事"之前，应做一番理解。作者秦书童是在回忆刚进大学时的心态。较之刚入学时，秦已成熟得多。"饭盆磕掉一块瓷"之类的事，在其写作时看来已属小事、琐事。所以"……之类的事"翻译时宜作适当改动，如下：I no longer tell my parents such trifles, as my rice bowl having got chipped。I 是根据全文，按照英语语法合理添补的。这部分应与上面分开，独立成句。

17. "……，写家信的最大好处是：……"。这句不宜照字面译作 the greatest merit of writing home letters。这样译，不甚口语化，merit 也欠妥。这里的 "写家信" 是指 "写家信" 和 "读家里回的信"。所以，我们译作 But I've discovered the greatest thing about writing to and hearing from home,（发现）是把下面的叙述（"忽然觉悟"）提前了，这样前置可使译句精练、有力；the greatest thing 较口语化。hearing from home 是 "收到家信"，属于合理添补。

18. "深藏不露的幽默"。不能把 "深藏不露" 译作 deeply hidden。这样译字面上很对应，语法也对，但是传达了这样错误的信息：故意隐瞒。我们用 humour 的常用形容词搭配，这样译：My parents do have a subtle sense of humour。

19. "……，除了老生常谈的好好学习、遵守纪律外，……"。显然，"好好学习" 和 "遵守纪律" 是父母的叮咛，翻译时应作合理添补，并把 "好好学习" "遵守纪律" 放入引号内，以表示是父母来信中的原话。不过上下文明显隐含 "叮咛" 二字，一定要译出，否则译文难懂。"叮咛" 二字，不宜按汉英词典提供的译文译作 advice。"叮咛" 和 "忠告" "劝告" 不同，是来自长辈的指示，我们译作 injunction。injunction 是 "a piece of advice or a command from someone in authority"，语体正式（《朗文词典》1995 年最新版）。父母是长辈，享有对子女的 authority。用语体正式的字表示对长辈告诫的重视。

20. "……一些令大学教授为之皱眉的事"。"皱眉" 是 body language，可以表示 "思索" "对……不悦，不赞成"。这里的意思是：一些问题不易回答，颇费教授们的一番思索。如照字面这样译：… questions which caused professors to knit their brows，就有些啰嗦了。我们用 baffle 一个词。《朗文词典》（最新版）baffle 条下就有这么一例：The question baffled me completely（这问题彻底把我问倒了。）（请参见拙作《汉英语篇翻译》p.88 "体态语描述的翻译"）。

21. "最近一封来信"。在译文中我们把 "最近" 译作 a few days ago。recently 和 a few days ago 都是模糊词，但后者更靠近秦书童写此文的日子。这样译似可表示秦仍在校求学。

22. "……，正值……安南……进行外交斡旋"。翻译这部分时要防止出现这样一种误译，即 "正值……时，收到信"。译文必须准确传达 "父亲是在安南……时写的信"。为此，译文中必须作合理添补，大致如下：I received a letter a few days ago, which my father wrote at the time when…。

23. "解决……核查危机"。一般来说，"解决" 是 solve，但此处宜译作 defuse *vt.*。fuse *n.* 是 "引信" "导火索"；defuse *vt.* 是 "拔掉……的引信（或导

火索）"，即"使失去爆炸性，缓和，平息"。英美电台、电视台谈及缓和国际紧
张局势时，常用 defuse 一词。

24. "父亲在信中说，……"。此处的"父亲"我们译作 my old man。One's
old man 是口语用法，可指"自己的丈夫、父亲、或（男）雇主"。这样译可带点
风趣。

25. "父亲在信中说，……"。这里的"说"如译作 said，当然不错。我们建
议译作 argued seriously。这样译似可以传达出"父亲"认真参与讨论的神情，使
译文读起来更精彩。

26. "隐形战斗机分明可以看到，干吗说它'隐形'呢？"美国人那种战斗
机的原名是 stealth fighter，较准确，但冗长、不太顺口的译文应该是"（雷达屏
幕上不易发现因此可以）偷偷行动的战斗机"。该战斗机已有定译，译作"隐形
战斗机"，好懂易记，但易致误解。不明其原委、也不懂英语的"父亲"根据既
定的译名对报上的描述提出质疑，情有可原，也十分有趣。

27. "对于这类问题，我总是……解释给他们听"。翻译这句话时，学生一
般会这样逐字硬译：as to this kind of question, I…。这样的译法不妥。下文并未提
到与"这类问题"相对的"另一类问题"；同时，explain（"解释"）是及物动词。
作者无非是说，什么问题他都回答。能回答，则立即回答；回答不了的，则查资
料、请教老师后再回答。所以我们在参考译文中省译了"这类"二字，同时用
questions 作主语，以便与上文的最后一句话有较好的串接。

28. "回答不了的"译作 If I can't answer them，当然可以。我们建议译作：If
I'm not knowledgeable enough，这样似可以与下文的"查""问"串接。

29. "编外大学生"。"编外"是指"（军队、机关、企业等）编制外的"（《现
代汉语词典》）。实际上，秦的父母连"编外的"都不能算。秦这样描述只为了风
趣。译作 extra 似多少可以传达原文的风趣。fellow-college students 是"大学同学"，
暗示这样的幽默意趣：父母和儿子是同学了！

30. "去年寒假回家"，不宜按字面译，因为这里指的不是"回家途中"发
生的事，而指寒假在家休息时的趣闻。我们建议译作：When I was vacationing at
home last winter…。请注意，vacation 和 vocation 仅一字之差，意义完全不同，粗
心的学生经常混淆。

31. "母亲竟然背诵出'……'的定义来……"。"竟然"按上下文，可有不
同的译法，要根据情景酌定。这里的"竟然"表示秦书童感到意外，所以我们这
样译：… Mom surprised me by reciting the definition of…。

32. "当然,有几处是父亲提醒的"。这段结束得很有趣,标点使用也很恰当。破折号表示下面有个解释性的幽默话语,但按照英语语句组织规律,译文中不能照搬破折号。我们建议用一个省略主语、动词的独立句,也可取得较好的幽默效果。

"提醒"一词不宜用 remind 来译,remind 用于"提醒"别人要做的事。正在背诵的人忽然忘了词,别人"提醒",其相应的英语词汇是 prompt *vt.*。prompt 的名词是 prompting,可作可数和不可数名词。

33. 在这两段中秦书童重申了写家信的必要性,并满含激情地建议:"拿起笔来,写封家信吧。"翻译时要用现在时。

34. "倾心交流"。这里的"交流"译作 exchange 不妥,exchange 是较具体的交流,我们用 communion。communion 是指在理解的基础上感情的交流,语体庄重、正式。

35. "关爱和理解"。我们译作 filial love。filial *a.* 是"儿女应做的",常接 duty、affection、love、obligation 等词。filial love 大致相当于"孝"。"理解"不必再译,因为意思已包含在 communion 之中了。

36. "拿起笔,写封家信吧"。不宜译作 Take up your pens and...。这样的译文似有高人一等、发号施令的口气。建议把原文作者自己放进去,这样译:Let's take up our pens。如直译为 write one letter home,效果会很差,好像是不得已而为之,写一封信,完成差事了。对原文应作这样的理解:经常写家信,所以我们译作 write to them often。

37. "……,偶尔撒个娇也无妨"。这里有一个观念差异问题:中国人和英国人对自己孩子都很钟爱,这是共同的、毫无疑问的。但英美人喜欢孩子较早地独立生活,有个性、主见;而我们的父母有时过于宠爱,不少孩子依赖性强——有的家长喜欢娇惯孩子,也喜欢孩子撒娇。我们中国人看到原文的最后一句,懂得作者何出此言。这句话译成英语,译得再好,英美人也无法完全理解。"撒个娇"的对应译法可从各汉英词典上找到。鉴于这里指在信上"撒娇",词典上提供的 act...、behave... 等词就不合适。我们建议用 talk,这样译:... talk to them like spoilt children。

附录八　语言形式评定标准（共计 100 分）[1]

1. 语言准确性

语言准确性按照译文中出现的错误数评定。对错误的界定拟区分严重错误、一般错误和轻微错误。每一个严重错误的分值与两个一般错误的分值相当，每一个一般错误与两个轻微错误相当。

严重错误主要为结构性错误，包括破裂句（sentence fragment）、垂悬修饰语错误（dangling modifier）、并列结构错误（faulty parallelism）、主要句子成分缺失或多余（syntactic deficiency/redundancy）等。严重错误示例如下：

破裂句：We no longer told many things to our parents. Such as our lunch-boxes were worn out China.

并列结构错误：Can not answer, I consulted information, asking teachers, satisfying the need of these two students.

垂悬修饰语错误：After entering campus, the fresh feeling trailed away and the letters written to parents became few and few.

主要句子成分缺失：When can't answer their questions

主要句子成分多余：there also were sevevcy times ma father reminded her.

一般错误主要为一般性语法错误，包括连写句（run-on sentence）、时态错误、一致性错误、语态错误、词类混淆、语序错误、搭配错误、标点符号错误等。

一般错误示例如下：

连写句：The fresh feeling went away, letters also received less.

时态错误：After the fresh feeling of entering college fades away, my letters became less, I will not tell my parents that my canteen had lost a porcelain.

一致性错误（数的一致）: several point

一致性错误（主谓一致）: as the strange feeling disappear

there are something else that always made the professor difficult to deal with the unusual thing.

一致性错误（主谓一致）+ 时态错误：some parts of them is reminded by my father.

1　语言形式评定标准沿用王金铨（2008）研究中的形式评分标准。

词类混淆：sense of <u>fresh</u>, make college professor <u>frowned</u>,

               After the <u>disappear</u> of fresh feelings

               feel surprise

搭配错误：less letters

               More, fewer

语 态 错 误：I <u>wasn't told</u> my parents about the things like the lunch box lost a piece of perdelain any more.

语序错误：there <u>also were</u> sevevcy times ma father reminded her.

标 点 符 号 错 误：If I can not answer it. I Looked for the information and asked the teachers for help in order to satisfy the two "college students'" eagerness for knowledge.

轻微错误主要为一般性词汇误用，包括用词错误（介词、代词、冠词）、拼写错误等。轻微错误示例如下：

用词错误：The reply <u>on</u> my parent letter（介词错误）

               ask teachers <u>with</u> help

               <u>in</u> his way to Iraq

               <u>a</u> enjoyment（冠词错误）

拼写错误：bowl–bow

               you can find data, <u>as</u> teachers to satisfy the desire of these two

2. 语言恰当性

语言通顺程度按照译文中出现的语言不符合规范（包括用词地道性、中国式英语 [chinglish]）的数量评定，语言恰当性错误算作轻微错误。语言不符合规范示例如下：

I began to reduce the number of home letters.

In my parents' answering letters

After the curiosity of the new school life, the letters became more and more less.

按句给分，共九句，每句分值为 10 分，按照语言准确性和语言恰当性给分。（语言准确性和语言恰当性合在一起评分，恰当性错误算作轻微错误，2 个恰当性错误相当于 1 个一般性错误），形式评分时不考虑语义方面的错误。

等级分	评分标准
0	完全不可理解，或没有翻译。
2	译文晦涩难懂，有 2 处以上严重错误或 4 处以上一般错误，或

漏译了大部分原文。

4	译文很不流畅，有 2 处严重错误或 4 处一般错误，或漏译了少
	部分原文。
6	译文基本流畅 有 1 处严重错误或 2 处一般错误。
8	译文流畅，只存在一处一般错误。
10	译文是流畅而且地道的句子，没有错误。

附录九　Glasgow 停词表 [1]

A	ANOTHER	BELOW
ABOUT	ANY	BESIDE
ABOVE	ANYHOW	BESIDES
ACROSS	ANYONE	BETWEEN
AFTER	ANYTHING	BEYOND
AFTERWARDS	ANYWAY	BILL
AGAIN	ANYWHERE	BOTH
AGAINST	ARE	BOTTOM
ALL	AROUND	BUT
ALMOST	AS	BY
ALONE	AT	CALL
ALONG	BACK	CAN
ALREADY	BE	CANNOT
ALSO	BECAME	CANT
ALTHOUGH	BECAUSE	CO
ALWAYS	BECOME	COMPUTER
AM	BECOMES	CON
AMONG	BECOMING	COULD
AMONGST	BEEN	COULDNT
AMOUNGST	BEFORE	CRY
AMOUNT	BEFOREHAND	DE
AN	BEHIND	DESCRIBE
AND	BEING	DETAIL

1　http://www.dcs.gla.ac.uk/idom/ir_resources/linguistic_utils/stop_words.

DO	FOUR	INTO
DONE	FROM	IS
DOWN	FRONT	IT
DUE	FULL	ITS
DURING	FURTHER	ITSELF
EACH	GET	KEEP
EG	GIVE	LAST
EIGHT	GO	LATTER
EITHER	HAD	LATTERLY
ELEVEN	HAS	LEAST
ELSE	HASNT	LESS
ELSEWHERE	HAVE	LTD
EMPTY	HE	MADE
ENOUGH	HENCE	MANY
ETC	HER	MAY
EVEN	HERE	ME
EVER	HEREAFTER	MEANWHILE
EVERY	HEREBY	MIGHT
EVERYONE	HEREIN	MILL
EVERYTHING	HEREUPON	MINE
EVERYWHERE	HERS	MORE
EXCEPT	HERSELF	MOREOVER
FEW	HIM	MOST
FIFTEEN	HIMSELF	MOSTLY
FIFY	HIS	MOVE
FILL	HOW	MUCH
FIND	HOWEVER	MUST
FIRE	HUNDRED	MY
FIRST	I	MYSELF
FIVE	IE	NAME
FOR	IF	NAMELY
FORMER	IN	NEITHER
FORMERLY	INC	NEVER
FORTY	INDEED	NEVERTHELESS
FOUND	INTEREST	NEXT

NINE	SAME	THEN
NO	SEE	THENCE
NOBODY	SEEM	THERE
NONE	SEEMED	THEREAFTER
NOONE	SEEMING	THEREBY
NOR	SEEMS	THEREFORE
NOT	SERIOUS	THEREIN
NOTHING	SEVERAL	THEREUPON
NOW	SHE	THESE
NOWHERE	SHOULD	THEY
OF	SHOW	THICK
OFF	SIDE	THIN
OFTEN	SINCE	THIRD
ON	SINCERE	THIS
ONCE	SIX	THOSE
ONE	SIXTY	THOUGH
ONLY	SO	THREE
ONTO	SOME	THROUGH
OR	SOMEHOW	THROUGHOUT
OTHER	SOMEONE	THRU
OTHERS	SOMETHING	THUS
OTHERWISE	SOMETIME	TO
OUR	SOMETIMES	TOGETHER
OURS	SOMEWHERE	TOO
OURSELVES	STILL	TOP
OUT	SUCH	TOWARD
OVER	SYSTEM	TOWARDS
OWN	TAKE	TWELVE
PART	TEN	TWENTY
PER	THAN	TWO
PERHAPS	THAT	UN
PLEASE	THE	UNDER
PUT	THEIR	UNTIL
RATHER	THEM	UP
RE	THEMSELVES	UPON

US	WHEREAS	WHY
VERY	WHEREBY	WILL
VIA	WHEREIN	WITH
WAS	WHEREUPON	WITHIN
WE	WHEREVER	WITHOUT
WELL	WHETHER	WOULD
WERE	WHICH	YET
WHAT	WHILE	YOU
WHATEVER	WHITHER	YOUR
WHEN	WHO	YOURS
WHENCE	WHOEVER	YOURSELF
WHENEVER	WHOLE	YOURSELVES
WHERE	WHOM	
WHEREAFTER	WHOSE	

附录十　叙事文检索用语义点

THE SENSE OF	DECLINE
NOVELTY	AS BEFORE
FRESHNESS	SELDOM
CURIOSITY	THAN BEFORE
FEEL CURIOUS	NO LONG
A NEW COMER	NEVER
WEAR OFF	STOP
DISAPPEAR	WOULD NOT
DISAPPEARANCE	WOULDN'T
GO	ANY MORE
VANISH	ANY LONG
FADE	WILL NOT
DIMINISH	WON'T
LESS	TELL
FEW	TALK ABOUT
DECREASE	LUNCH BOX
REDUCE	LUNCH-BOX

BOWL	HUMOR
CHIP	HUMOROUS
BREAK	DEEPLY
DAMAGE	PERCEIVE
KNOCK OFF	REPLY
A PIECE OF	BESIDES
PORCELAIN	APART FROM
ONE PIECE OF	OFT-REPEATED
CHINA	INJUNCTION
OFF	CUT-AND-DRIED
TRIFLE	CLICHE
TRIVIAL	PLATITUDE
BUT	TRITE REMARK
HOWEVER	OLD TOPIC
NEVERTHELESS	ROUTINE TALK
HEAR FROM	REQUEST
LETTER	REGULAR
THE VERY THING	REPEAT
BENEFIT	ADVICE
ADVANTAGE	URGE
MERIT	COMMON REQUIREMENT
BENEFICIAL POINT	STUDY HARD
DISCOVER	WORK HARD
NOTICE	OBSERVE
MAKE ME	OBEY
AWARE	ABIDE BY
CONSCIOUS OF	COMPLY WITH
REALIZE	FOLLOW
RECOGNIZE	STICK TO
UNDERSTAND	REGULATION
FEEL	RULE
SENSE	DISCIPLINE
SUBTLE	DO'S AND DON'TS
HIDE	VIOLATE
UNDERLIE	BAFFLE

CONFUSE	EXAMINATION
PUZZLE	ARM
PERPLEX	INSPECTION
PROFESSOR	CRISIS
FROWN	IRAQ
KNIT THEIR BROW	GO TO
DIFFICULT	FLY TO
WOULD NOT KNOW	HEAD FOR
UNBELIEVABLE	LEAVE FOR
STRANGE	BAGHDAD
INCREDIBLE	BAGDAD
SURPRISE	ON HIS WAY TO
FOR INSTANCE	MEDIATE
FOR EXAMPLE	DIPLOMATIC
A FEW DAY AGO	MEDIATION
RECENT	NEGOTIATION
LATE	GOOD OFFICE
RECENTLY	FATHER
SECRETARY GENERAL	IN THE PRESS
THE UN	NEWSPAPER
UNITED NATION	INVISIBLE
ANNAN	STEALTH
SECRETARY-GENERAL	FIGHTER
SO AS TO	BOMBER
IN ORDER TO	BATTLEPLANE
DEFUSE	PLANE
SOLVE	VISIBLE
SETTLE	SEE
SETTLEMENT	CLEARLY
RESOLVE	OBVIOUSLY
DEAL WITH	QUESTION
HANDLE	AS TO
WEAPON	WITH REGARD TO
CHECK	IN REGARD TO

AS REGARD	ASK
LIKE THIS	TEACHER
AS FOR	FOR HELP
SUCH	CONSULT
AS FAR AS	INQUIRE
PATIENT	SATISFY
PATIENTLY	MEET
WITH PATIENCE	EXTRA
ELICIT	UNREGISTERED
EXPLAIN	FELLOW
EXPLANATION	COLLEGE STUDENT
KNOWLEDGEABLE	UNIVERSITY STUDENT
FAIL TO ANSWER	THIRST
UNABLE TO ANSWER	DESIRE
BEYOND MY ABILITY	FOR KNOWLEDGE
BEYOND MY KNOWLEDGE	VACATION
HAVE NO IDEA	AT HOME
CANNOT ANSWER	GO HOME
CAN NOT ANSWER	LAST WINTER
CAN'T ANSWER	HOLIDAY
COULDN'T ANSWER	EVEN
COULD NOT ANSWER	TO MY SURPRISE
CANNOT EXPLAIN	TO MY GREAT SURPRISE
CAN NOT EXPLAIN	SURPRISINGLY
CAN'T EXPLAIN	EXPECTATION
COULDN'T EXPLAIN	UNEXPECTEDLY
COULD NOT EXPLAIN	MIRACULOUSLY
LOOK INTO	RECITE
LOOK UP	MEMORIZE
THE LITERATURE	REMEMBER
REFERENCE	DEFINITION
DOCUMENT	INFORMATION
SEARCH	INFOBAHN
TURN TO	HIGHWAY

SUPERHIGHWAY	CHOICE
OF COURSE	MEAN
SURELY	WAY
CERTAINLY	CHANNEL
HINT	MEDIUM
TIP	METHOD
REMIND	FORM
REMINDER	THE BEST
PROMPT	NOTHING BETTER
HELP	NOTHING BE BETTER
PARENT	NO BETTER
NEED	BETTER THAN
WANT	LET'S
NEW KNOWLEDGE	LET US
NEW INFORMATION	PLEASE
HEART-TO-HEART	TAKE UP
HEARTFELT	PICK UP
SINCERE	PEN
COMMUNICATION	WRITE
HEART TO HEART	TO YOUR FAMILY
EXCHANGE	TO YOUR PARENT
COMMUNICATE	OCCASIONALLY
FILIAL	TALK TO THEM
AFFECTION	ACT LIKE
LOVE	ACT AS
CARE	BEHAVE LIKE
UNDERSTANDING	LIKE A CHILD
FOR THE PURPOSE	LIKE CHILD
THE MOST DESIRABLE	SPOIL CHILD

附录十一 说明文检索用语义点

ABUNDANT	DEPARTMENT
ADVANCE	DESIGNATE
ADVANTACED	DETECT
AFFECTION	DETECTION
ALL KIND	DEVELOP
APPARATUS	DEVICE
APPEAL TO	DISTINCTIVE
APPOINT	DOZEN OF
APPRECIATE	DRAW
AROUSE	ELICIT
ATTENTION	ENGINEER
ATTRACT	ENJOY
BEST SELLER	ENTERPRISE
BEST-SELLER	EQUIPMENT
BESTSELLER	EXCELLENT
BOUNTIFUL	EXPERTISE
BRAND	EYE
BRISK	FACILITY
BUSINESS	FACTORY
CATAGORY	FAMOUS
CATER FOR	FANCY
CATER TO	FAVOR
CLIENT	FILL
COMPANY	FOCUS
COMPLETE	FOLLOW
CONCERN	FOURTEEN
CONSUMER	HAVE A READY MARKET
CUSTOMER	HIGN
CUT EDGE	IN GREAT DEMAND
DECADE	INCLINATION
DENTAL CREAM	INSTALLATION
DENTIFRICE	INSTRUMENT

INTEREST	PRODUCE
INTERNATIONAL	PROFESSIONAL
KIND	QUALITY
KNOWLEDGE	REPUTATION
LATE	RESPOND TO
LEAD	RICH
LEVEL	SELL WELL
LIGHT INDUSTRY	SPECIFICATION
MACHINE	STAFF
MACHINERY	STANDARD
MAKE	SUPERIOR
MANGO	TECHNICIAN
MANUFACTURE	TECHNOLOGIST
MEAN	TEN
MEDIUM-SIZE	TEST
MEET	TOOTHPASTE
METHOD	TOP
MIDDLE-SIZE	TOP
MINISTRY	TREND
MUCH	TRENDENCY
NAME	TYPE
PACK	VARIETY
PACKAGE	VARIOUS
PANDER TO	WAY
PASTE	WELCOME
PATENT	WELL-KNOWN
PLANT	WELL-RECEIVED
PLENTIFUL	WORKER
POPULAR	WORLD
POPULARITY	YEAR

附录十二　议论文检索用语义点

EVERYTHING	COURTESY
EVERY COIN	COURTEOUS
TWO	MODEST
SIDE	HUMBLENESS
PART	GOOD MANNER
ASPECT	CIVILITY
ADVANTAGE	HUMILITY
DISADVANTAGE	RESPECTFUL
MERIT	PROMOTE
DEMERIT	STRENGTHEN
PRO	ADD
CON	INCREASE
TWO-EDGE	ENHANCE
FAME	IMPROVE
FAMOUS	ENFORCE
RENOWN	UPGRADE
SAME	REINFORCE
SO DOE	TONE UP
SO BE	INTENSIFY
TRUE	HEIGHTEN
NO EXCEPTION	PROUD
BENEFIT	PRIDE
DRAWBACK	SELF-ESTEEM
PRO	SELF-RESPECT
CON	EGO
POSITIVE	STAND
NEGATIVE	QUEUE
RESPECT	LINE
DEFERENTIAL	LONG
REVERENCE	GLIMPSE
HUMBLE	LOOK
POLITE	SIGHT

GLANCE
LOVE
FRIENDSHIP
KINDNESS
FRIENDLINESS
RESPECT
DEFERENTIAL
REVERENCE
ESTEEM
WORLD
SUDDEN
IDEA
INSPIRATION
WHIM
IMPULSE
STRANGE
THOUGHT
AMAZE
IDEA
ABRUPT
IDEA
KINK
UNEXPECTED
THINK
IMAGINATION
DREAM
DAYDREAM
ILLUSION
FANTASY
FANCY
DELUSION
SERVE
WORK
MAKE EFFORT
DEVOTE
CONTRIBUTE

SERVICE
SATISFY
APPEAL TO
FLAT
REJOICE
PLEASE
DELIGHT
FAMOUS
RENOWNED
FAMED
PRESTIGIOUS
FAME
REPUTATION
PRESTIGE
REPUTE
RENOWN
CELEBRITY
CELEBRATE
REPUTABLE
BORN WITH
INBORN
ACCOMPANY
NATURAL
INNATE
INHERENT
BRING WITH
INSTINCTIVE
INTRINSIC
ENDOW
DISADVANTAGE
UNFAVORABLE
ADVERSE
ELEMENT
FACTOR
NEGATIVE
DISADVANTAGEOUS

DEMERIT	PERSEVERE
DRAWBACK	UNREMITTING
INVADE	SPARE NO EFFORT
DISTURB	KEEP TRY TO
INTERFERE	STICK TO
INTERVENE	PERSISTENT
INTERRUPT	KNOW
BOTHER	EXPLORE
INTRUDE	GET TO KNOW
ABANDON	DISCOVER
GIVE UP	LEARN
SACRIFICE	UNDERSTAND
PUT ASIDE	DIG
DISCARD	EXCAVATE
QUIT	DREDGE
DROP	DRILL
RENOUNCE	POKE
DESERT	TAP
FORGO	INTO
CHARACTER	DELVE
PERSONALITY	INTRUDE
INDIVIDUALITY	SLIP
RESPONSIBILITY	SNEAK
DUTY	PENETRATE
OBLIGATION	INFILTRATE
COMMITMENT	CRAWL
BEAR	IN DETAIL
TAKE	COMPLETELY
OBLIGATION	DETAILEDLY
UNDERTAKE	THOROUGHLY
SHOULDER	COMPREHENSIVELY
RESPONSIBILITY	EXHAUSTIVELY
PUBLIC	AT LARGE
INSIST	AT LENGTH
REMORSELESSLY	IN DEPTH
PERSIST	SCRUTINIZE

EXPLORE

ANATOMIZE

DISSECT

PIERCE

ANALYSIS

PAIN

SUFFER

MISERY

GRIEF

BITTERNESS

AGONY

ANGUISH

SORROW

UNHAPPINESS

TORTURE

HURT

TORMENT

CAUTIOUS

SPEAK

ACT

PROPERLY

BEHAVE

CAUTION

PAY ATTENTION

WORD

MANNER

CAREFUL

ALERT

PRUDENT

BEHAVIOR

WATCH OUT

DISCREET

DEED

LAUGH AT

JOKE

MOCK

LAUGHINGSTOCK

BUTT

SCOFF

MAKE FUN OF

PUBLIC

IMAGE

IMPRESSION

FIGURE

CONFORM TO

MATCH

MEET

IN ACCORDANCE WITH

ACCORD WITH

TALLY WITH

CORRESPOND TO

LIVE UP TO

FIT

GO WITH

SUITABLE FOR

COMPLY WITH

COMPATIBLE

ARTIFICIAL

FACTITIOUS

CONTRIVE

UNCOMFORTABLE

UNEASY

WITHOUT FREEDOM

UNNATURAL

BOUND

CONSTRAIN

RESTRAIN

CONFINE

LIMIT

UNFREE

附录十三　过渡词语列表

ABOVE ALL

ACCORDINGLY

ADDITIONALLY

ADJACENT TO

AFTER

AFTER ALL

AFTER THAT

AFTERWARD

AFTERWARDS

AGAIN

ALIKE

ALL IN ALL

ALL THINGS CONSIDERED

ALONG THE EDGE

ALSO

ALTERNATIVELY

ALTHOUGH

ALTHOUGH THIS MAY BE TRUE

ALTHOUGH TRUE

AN EXAMPLE

ANALOGOUS TO

AND THEN

AND TO THIS

AND YET

ANOTHER

ANYWAY

APPARENTLY

AROUND

AS

AS A RESULT

AS A RULE

AS AN ILLUSTRATION

AS HAS BEEN NOTED

AS I HAVE SAID

AS PROOF

AS USUAL

AS WELL AS

AT ANY RATE

AT FIRST

AT LAST

AT LEAST

AT LENGTH

AT THE BOTTOM

AT THE FRONT

AT THE LEFT

AT THE REAR

AT THE RIGHT

AT THE SAME TIME

AT THE TOP

BECAUSE

BEFORE

BELOW

BESIDES

BEYOND

BOTH

BRIEFLY

BUT

BY AND LARGE

BY THAT TIME

BY THE SAME TOKEN

BY THE WAY

CERTAINLY

COMPARATIVELY

CONCLUSION

CONCURRENTLY	FORMERLY
CONSEQUENTLY	FURTHER
CONTRARILY	FURTHERMORE
CONTRARY TO	GENERALLY
CONTRAST	GENERALLY SPEAKING
CONVERSELY	GRANTED
DESPITE	HAVE IN COMMON
DESPITE THE FACT	HENCE
DUE TO	HERE AGAIN
E.G.	HOWEVER
EARLIER	I.E.
EITHER	IF
EQUALLY	IMMEDIATELY
EQUALLY IMPORTANT	IN A LIKE MANNER
ESPECIALLY	IN ADDITION
EVEN IF	IN ANY CASE
EVEN THOUGH	IN ANY EVENT
EVENTUALLY	IN BRIEF
EVIDENTLY	IN CASE
FINALLY	IN CONCLUSION
FIRST	IN CONTRAST
FIRST OF ALL	IN DETAIL
FIRSTLY	IN ESSENCE
FOR	IN FACT
FOR A MINUTE	IN FRONT OF
FOR ALL THAT	IN LIKE FASHION
FOR ANOTHER	IN LIKE MANNER
FOR EXAMPLE	IN ORDER TO
FOR INSTANCE	IN OTHER WORDS
FOR NOW	IN PARTICULAR
FOR ONE THING	IN SHORT
FOR THE MOST PART	IN SPITE OF
FOR THE TIME BEING	IN SUM
FOR THIS PURPOSE	IN SUMMARY
FOR THIS REASON	IN SUMMATION

IN THAT

IN THE FINAL ANALYSIS

IN THE FIRST PLACE

IN THE FOREFRONT

IN THE FOREGROUND

IN THE LONG RUN

IN THE MEAN TIME

IN THE MEANTIME

IN THE SAME WAY

IN THE SAMEWAY

IN THE SECOND PLACE

IN TRUTH

IN TURN

INCIDENTALLY

INCLUDING

INDEED

INSTEAD

IT FOLLOWS THAT

IT IS APPARENT

LAST

LASTLY

LATELY

LATER

LATER ON

LET ALONE

LIKE

LIKEWISE

MEANWHILE

MOREOVER

NAMELY

NATURALLY

NEITHER

NEVERTHELESS

NEXT

NEXT TO

NOR

NOT ONLY

BUT ALSO

NOTWITHSTANDING

NOW

NOW THAT

OF COURSE

ON ONE HAND

ON THE CONTRARY

ON THE OPPOSITE SIDE

ON THE OTHER HAND

ON THE SIDE

ON THE WHOLE

ONCE

OPPOSITE

OR

OTHER THAN

OTHERWISE

PRESENTLY

PRESUMABLY

PREVIOUSLY

PROVIDED

PROVIDED THAT

RARELY

RATHER

REALLY

SECOND

SECONDLY

SHORTLY

SIMILARLY

SIMULTANEOUSLY

SINCE

SO

SO THAT

SOON

SOON AFTER	TO EXPLAIN
SPECIFICALLY	TO ILLUSTRATE
STILL	TO LIST
STILL ANOTHER EXAMPLE IS	TO PUT IT DIFFERENTLY
STRAIGHT AHEAD	TO REPEAT
SUBSEQUENTLY	TO SUM UP
SUCH AS	TO SUMMARIZE
SURELY	TO THE CONTRARY
TEMPORARILY	TO THE LEFT
THAN	TO THE RIGHT
THAT IS	TO THIS END
THAT IS TO SAY	TOO
THE LAST	TRULY
THE MEANTIME	UNDER THESE CIRCUMSTANCES
THE NEXT STEP	UNDOUBTEDLY
THEN	UNLESS
THEREAFTER	UNTIL
THEREFORE	USUALLY
THEREUPON	WHEN
THIRD	WHENEVER
THIRDLY	WHEREAS
THIS BEING SO	WHEREFORE
THIS MAY BE TRUE	WHETHER
THOUGH	WHILE
THUS	WHILE IT MAY BE TRUE
TILL	WHILE THIS MAY BE TRUE
TO BE SURE	WITH THE RESULT THAT
TO BEGIN WITH	WITH THIS IN MIND
TO CITE	WITH THIS OBJECT
TO CONCLUDE	WITH THIS PURPOSE IN MIND
TO ENUMERATE	YET

附录十四　叙事文各比例评分模型拟合数据

叙事文 100：200 形式评分模型

随机次数	R	R Square	Adjusted R Square	Std Error of the Estimate	机器评分与人工评分相关系数
1	0.881	0.776	0.761	5.79334	0.789**
2	0.901	0.811	0.797	5.54964	0.720**
3	0.759	0.576	0.551	6.20919	0.745**
4	0.802	0.644	0.623	7.46340	0.735**
5	0.755	0.569	0.544	6.69065	0.754**
均值	0.820	0.675	0.655	6.341244	0.7486

叙事文 100：200 语义评分模型

随机次数	R	R Square	Adjusted R Square	Std Error of the Estimate	机器评分与人工评分相关系数
1	0.912	0.832	0.827	4.56179	0.829**
2	0.936	0.875	0.870	3.88042	0.828**
3	0.816	0.665	0.655	4.19733	0.896**
4	0.875	0.766	0.759	4.74484	0.887**
5	0.853	0.727	0.721	4.49039	0.897**
均值	0.878	0.773	0.766	4.374954	0.8676

叙事文 110：190 形式评分模型

随机次数	R	R Square	Adjusted R Square	Std Error of the Estimate	机器评分与人工评分相关系数
1	0.786	0.618	0.585	5.43901	0.795**
2	0.782	0.611	0.591	6.08727	0.728**
3	0.740	0.548	0.525	6.13348	0.795**
4	0.865	0.749	0.733	6.16066	0.771**
5	0.754	0.568	0.542	6.40424	0.727**
均值	0.7854	0.6198	0.595	6.04493	0.7632

叙事文 110：190 语义评分模型

随机次数	R	R Square	Adjusted R Square	Std Error of the Estimate	机器评分与人工评分相关系数
1	0.823	0.677	0.671	3.90146	0.832**
2	0.842	0.709	0.701	4.31571	0.807**
3	0.859	0.738	0.728	3.69077	0.831**
4	0.946	0.895	0.889	3.445473	0.834**
5	0.840	0.706	0.700	4.10104	0.864**
均值	0.862	0.745	0.738	3.89089	0.8336

叙事文 120：180 形式评分模型

随机次数	R	R Square	Adjusted R Square	Std Error of the Estimate	机器评分与人工评分相关系数
1	0.725	0.525	0.494	6.03000	0.772**
2	0.834	0.695	0.671	5.60622	0.798**
3	0.882	0.778	0.756	5.10264	0.708**
4	0.861	0.742	0.724	6.09640	0.728**
5	0.715	0.511	0.493	5.57427	0.719**
均值	0.8034	0.650	0.62	5.68191	0.7390

叙事文 120：180 语义评分模型

随机次数	R	R Square	Adjusted R Square	Std Error of the Estimate	机器评分与人工评分相关系数
1	0.86	0.755	0.749	3.55041	0.870**
2	0.847	0.717	0.709	3.99975	0.893**
3	0.895	0.800	0.795	3.99975	0.860**
4	0.915	0.836	0.831	3.88730	0.841**
5	0.849	0.720	0.715	3.75746	0.863**
均值	0.882	0.766	0.760	3.92815	0.8654

叙事文 130：170 形式评分模型

随机次数	R	R Square	Adjusted R Square	Std Error of the Estimate	机器评分与人工评分相关系数
1	0.786	0.617	0.583	6.12379	0.749**
2	0.781	0.610	0.586	6.46851	0.758**
3	0.805	0.648	0.626	5.68633	0.781**
4	0.788	0.620	0.578	5.60838	0.739**
5	0.880	0.775	0.759	5.16362	0.801**
均值	0.808	0.654	0.6264	5.81013	0.7656

叙事文 130：170 语义评分模型

随机次数	R	R Square	Adjusted R Square	Std Error of the Estimate	机器评分与人工评分相关系数
1	0.809	0.655	0.647	4.43071	0.895**
2	0.898	0.807	0.799	3.60004	0.888**
3	0.877	0.769	0.762	4.11247	0.877**
4	0.852	0.727	0.718	3.44467	0.861**
5	0.929	0.863	0.858	3.46222	0.84**
均值	0.873	0.764	0.757	3.81002	0.8772

叙事文 140：160 形式评分模型

随机次数	R	R Square	Adjusted R Square	Std Error of the Estimate	机器评分与人工评分相关系数
1	0.833	0.693	0.678	5.99519	0.722**
2	0.820	0.672	0.650	6.25065	0.719**
3	0.848	0.720	0.701	5.67971	0.742**
4	0.823	0.677	0.662	6.42563	0.710**
5	0.815	0.663	0.644	6.28307	0.741**
均值	0.828	0.685	0.667	6.12685	0.7128

叙事文 140∶160 语义评分模型

随机次数	R	R Square	Adjusted R Square	Std Error of the Estimate	机器评分与人工评分相关系数
1	0.876	0.767	0.762	4.45763	0.871**
2	0.872	0.761	0.752	4.37434	0.873**
3	0.910	0.828	0.820	3.64973	0.838**
4	0.908	0.825	0.820	3.90390	0.908**
5	0.853	0.728	0.722	4.69709	0.846**
均值	0.884	0.782	0.775	4.21654	0.8672

叙事文 150∶150 形式评分模型

随机次数	R	R Square	Adjusted R Square	Std Error of the Estimate	机器评分与人工评分相关系数
1	0.799	0.638	0.616	6.41215	0.762**
2	0.836	0.699	0.685	6.34826	0.807**
3	0.696	0.485	0.458	6.47879	0.720**
4	0.748	0.560	0.537	5.07032	0.725**
5	0.798	0.637	0.620	6.44960	0.777**
均值	0.7754	0.604	0.583	6.351824	0.7632

叙事文 150∶150 语义评分模型

随机次数	R	R Square	Adjusted R Square	Std Error of the Estimate	机器评分与人工评分相关系数
1	0.879	0.772	0.767	4.07232	0.869**
2	0.925	0.855	0.850	3.68716	0.788**
3	0.836	0.699	0.693	4.00674	0.885**
4	0.842	0.710	0.704	3.93987	0.886**
5	0.772	0.597	0.591	5.60846	0.891**
均值	0.851	0.727	0.721	4.26291	0.8638

附录十五　说明文各比例评分模型拟合数据

说明文 100：236 形式评分模型

随机次数	R	R Square	Adjusted R Square	Std Error of the Estimate	机器评分与人工评分相关系数
1	0.824	0.679	0.657	6.33953	0.761**
2	0.825	0.680	0.662	6.27221	0.789**
3	0.846	0.716	0.700	5.85574	0.768**
4	0.839	0.703	0.690	6.97183	0.743**
5	0.851	0.724	0.701	6.00306	0.762**
均值	0.837	0.700	0.682	6.28847	0.7546

说明文 100：236 语义评分模型

随机次数	R	R Square	Adjusted R Square	Std Error of the Estimate	机器评分与人工评分相关系数
1	0.882	0.778	0.773	6.77810	0.901**
2	0.909	0.826	0.822	6.20002	0.895**
3	0.912	0.832	0.828	6.21161	0.894**
4	0.887	0.787	0.783	6.81496	0.902**
5	0.928	0.861	0.859	6.07910	0.884**
均值	0.904	0.817	0.813	6.41676	0.8952

说明文 110：226 形式评分模型

随机次数	R	R Square	Adjusted R Square	Std Error of the Estimate	机器评分与人工评分相关系数
1	0.841	0.708	0.685	5.98891	0.782**
2	0.749	0.561	0.534	6.01051	0.785**
3	0.867	0.751	0.730	5.29449	0.760**
4	0.851	0.724	0.697	6.30148	0.771**
5	0.893	0.798	0.788	5.65561	0.688**
均值	0.840	0.708	0.687	5.8502	0.7572

说明文 110∶226 语义评分模型

随机次数	R	R Square	Adjusted R Square	Std Error of the Estimate	机器评分与人工评分相关系数
1	0.906	0.820	0.815	6.26057	0.887**
2	0.874	0.764	0.760	6.72019	0.911**
3	0.883	0.780	0.776	7.10847	0.905**
4	0.912	0.832	0.829	6.61796	0.888**
5	0.901	0.812	0.809	6.95208	0.897**
均值	0.895	0.802	0.798	6.73185	0.8976

说明文 120∶216 形式评分模型

随机次数	R	R Square	Adjusted R Square	Std Error of the Estimate	机器评分与人工评分相关系数
1	0.695	0.483	0.469	6.87292	0.784**
2	0.820	0.673	0.658	6.50429	0.760**
3	0.852	0.726	0.708	6.06223	0.758**
4	0.846	0.715	0.696	6.26095	0.775**
5	0.872	0.760	0.744	5.59869	0.766**
均值	0.817	0.671	0.655	6.25981	0.7686

说明文 120∶216 语义评分模型

随机次数	R	R Square	Adjusted R Square	Std Error of the Estimate	机器评分与人工评分相关系数
1	0.861	0.742	0.735	6.06318	0.915**
2	0.917	0.840	0.836	6.07712	0.886**
3	0.906	0.821	0.818	6.18972	0.895**
4	0.897	0.805	0.800	6.47059	0.902**
5	0.883	0.780	0.776	6.85965	0.907**
均值	0.893	0.798	0.793	6.33205	0.901

说明文 130∶206 形式评分模型

随机次数	R	R Square	Adjusted R Square	Std Error of the Estimate	机器评分与人工评分相关系数
1	0.811	0.657	0.632	6.69905	0.759**
2	0.855	0.731	0.711	5.67903	0.738**
3	0.791	0.625	0.602	6.06040	0.764**
4	0.865	0.747	0.735	5.82689	0.769**
5	0.855	0.730	0.716	5.82985	0.762**
均值	0.835	0.698	0.679	6.01904	0.7584

说明文 130∶206 语义评分模型

随机次数	R	R Square	Adjusted R Square	Std Error of the Estimate	机器评分与人工评分相关系数
1	0.922	0.851	0.846	6.16771	0.878**
2	0.913	0.833	0.830	6.34694	0.886**
3	0.890	0.793	0.788	6.38315	0.905**
4	0.892	0.795	0.790	6.51226	0.907**
5	0.908	0.824	0.820	6.39350	0.887**
均值	0.905	0.819	0.815	6.36071	0.8926

说明文 140∶196 形式评分模型

随机次数	R	R Square	Adjusted R Square	Std Error of the Estimate	机器评分与人工评分相关系数
1	0.818	0.668	0.650	6.19925	0.716**
2	0.856	0.733	0.716	5.80315	0.760**
3	0.856	0.733	0.714	5.62971	0.746**
4	0.856	0.733	0.714	5.62971	0.786**
5	0.823	0.677	0.667	6.43350	0.755**
均值	0.842	0.709	0.692	5.93906	0.7606

说明文 140：196 语义评分模型

随机次数	R	R Square	Adjusted R Square	Std Error of the Estimate	机器评分与人工评分相关系数
1	0.902	0.814	0.811	6.35950	0.897**
2	0.916	0.839	0.836	6.19442	0.885**
3	0.896	0.803	0.801	5.96303	0.900**
4	0.896	0.803	0.801	5.96303	0.893**
5	0.898	0.806	0.803	7.07124	0.891**
均值	0.902	0.813	0.810	6.31024	0.8964

说明文 150：186 形式评分模型

随机次数	R	R Square	Adjusted R Square	Std Error of the Estimate	机器评分与人工评分相关系数
1	0.840	0.706	0.685	6.32141	0.769**
2	0.829	0.688	0.674	6.58712	0.794**
3	0.832	0.692	0.680	6.38411	0.760**
4	0.854	0.730	0.715	5.95101	0.787**
5	0.884	0.782	0.768	6.00208	0.743**
均值	0.848	0.720	0.704	6.24915	0.7706

说明文 150：186 语义评分模型

随机次数	R	R Square	Adjusted R Square	Std Error of the Estimate	机器评分与人工评分相关系数
1	0.910	0.829	0.825	6.74413	0.885**
2	0.910	0.829	0.826	6.09587	0.889**
3	0.908	0.825	0.823	5.85225	0.891**
4	0.919	0.845	0.843	6.31418	0.921**
5	0.921	0.849	0.847	6.01901	0.920**
均值	0.914	0.835	0.833	6.205089	0.9012

说明文 160：176 形式评分模型

随机次数	R	R Square	Adjusted R Square	Std Error of the Estimate	机器评分与人工评分相关系数
1	0.793	0.628	0.618	6.91804	0.741**
2	0.814	0.662	0.650	6.53856	0.755**
3	0.895	0.801	0.788	5.38258	0.787**
4	0.783	0.613	0.591	6.37424	0.766**
5	0.860	0.739	0.722	5.82442	0.732**
均值	0.829	0.689	0.674	6.20757	0.7514

说明文 160：176 语义评分模型

随机次数	R	R Square	Adjusted R Square	Std Error of the Estimate	机器评分与人工评分相关系数
1	0.924	0.853	0.850	6.06703	0.891**
2	0.904	0.817	0.813	6.45491	0.895**
3	0.916	0.839	0.836	6.25220	0.897**
4	0.900	0.809	0.805	6.47788	0.906**
5	0.918	0.843	0.840	6.21444	0.902**
均值	0.912	0.832	0.829	6.29329	0.8936

说明文 170：166 形式评分模型

随机次数	R	R Square	Adjusted R Square	Std Error of the Estimate	机器评分与人工评分相关系数
1	0.867	0.752	0.733	6.05935	0.787**
2	0.822	0.675	0.665	6.47744	0.775**
3	0.819	0.671	0.660	6.34364	0.772**
4	0.804	0.647	0.630	6.56011	0.769**
5	0.821	0.675	0.660	6.15484	0.807**
均值	0.827	0.684	0.670	6.31908	0.7814

说明文 170：166 语义评分模型

随机次数	R	R Square	Adjusted R Square	Std Error of the Estimate	机器评分与人工评分相关系数
1	0.903	0.816	0.812	6.43888	0.897**
2	0.899	0.808	0.803	6.60721	0.895**
3	0.899	0.807	0.805	6.40007	0.892**
4	0.914	0.836	0.833	6.11063	0.919**
5	0.903	0.815	0.813	6.49843	0.907**
均值	0.904	0.816	0.813	6.41104	0.9018**

附录十六　议论文各比例评分模型拟合数据

议论文 100：157 形式评分模型

随机次数	R	R Square	Adjusted R Square	Std Error of the Estimate	机器评分与人工评分相关系数
1	0.454	0.206	0.187	6.09200	0.597**
2	0.739	0.547	0.516	6.31204	0.564**
3	0.589	0.347	0.318	5.46017	0.537**
4	0.745	0.555	0.539	5.08544	0.595**
5	0.770	0.593	0.570	5.63174	0.533**
均值	0.659	0.450	0.426	5.71628	0.5652

议论文 100：157 语义评分模型

随机次数	R	R Square	Adjusted R Square	Std Error of the Estimate	机器评分与人工评分相关系数
1	0.843	0.711	0.702	4.37708	0.860**
2	0.882	0.777	0.768	4.62515	0.832**
3	0.796	0.634	0.626	4.42834	0.877**
4	0.841	0.707	0.698	4.49429	0.873**
5	0.887	0.786	0.779	4.56047	0.850**
均值	0.850	0.723	0.715	4.49707	0.8584

议论文 110∶147 形式评分模型

随机次数	R	R Square	Adjusted R Square	Std Error of the Estimate	机器评分与人工评分相关系数
1	0.670	0.449	0.425	5.89826	0.584**
2	0.707	0.500	0.469	5.23133	0.516**
3	0.696	0.484	0.458	5.36919	0.526**
4	0.749	0.562	0.534	5.65701	0.575**
5	0.758	0.574	0.546	5.71521	0.531**
均值	0.716	0.514	0.486	5.5742	0.5464

议论文 110∶147 语义评分模型

随机次数	R	R Square	Adjusted R Square	Std Error of the Estimate	机器评分与人工评分相关系数
1	0.856	0.732	0.725	4.81679	0.830**
2	0.848	0.719	0.711	4.14208	0.874**
3	0.850	0.722	0.714	4.19863	0.864**
4	0.887	0.786	0.780	4.73083	0.833**
5	0.880	0.774	0.768	4.79625	0.841**
均值	0.864	0.747	0.740	4.53692	0.8484

议论文 120∶137 形式评分模型

随机次数	R	R Square	Adjusted R Square	Std Error of the Estimate	机器评分与人工评分相关系数
1	0.806	0.649	0.622	5.32990	0.435**
2	0.819	0.671	0.646	4.70350	0.556**
3	0.754	0.568	0.538	5.77272	0.528**
4	0.687	0.472	0.457	5.91869	0.540**
5	0.670	0.449	0.428	6.14391	0.614**
均值	0.747	0.562	0.538	5.57374	0.55346

议论文 120∶137 语义评分模型

随机次数	R	R Square	Adjusted R Square	Std Error of the Estimate	机器评分与人工评分相关系数
1	0.895	0.802	0.795	4.56656	0.838**
2	0.859	0.738	0.731	4.67311	0.867**
3	0.896	0.802	0.795	4.37065	0.822**
4	0.878	0.770	0.765	4.40510	0.843**
5	0.864	0.747	0.742	4.52879	0.843**
均值	0.878	0.772	0.766	4.50884	0.8426

议论文 130∶127 形式评分模型

随机次数	R	R Square	Adjusted R Square	Std Error of the Estimate	机器评分与人工评分相关系数
1	0.704	0.496	0.479	5.75835	0.555**
2	0.763	0.582	0.551	5.07441	0.537**
3	0.763	0.583	0.568	5.16487	0.577**
4	0.786	0.617	0.597	5.12339	0.686**
5	0.734	0.539	0.519	5.83652	0.598**
均值	0.750	0.563	0.543	5.39151	0.5906

议论文 130∶127 语义评分模型

随机次数	R	R Square	Adjusted R Square	Std Error of the Estimate	机器评分与人工评分相关系数
1	0.858	0.737	0.730	4.78167	0.872**
2	0.870	0.757	0.750	4.08747	0.857**
3	0.871	0.758	0.753	4.58887	0.851**
4	0.853	0.727	0.723	4.68695	0.856**
5	0.870	0.757	0.750	4.54643	0.876**
均值	0.864	0.747	0.741	4.53828	0.8624

附录十七　叙事文形式、语义模型自动评分信度（六四比例人工评分与机器评分）

训练集验证集比例	机器评分与人工评分相关系数	训练集验证集比例	机器评分与人工评分相关系数
	0.843**		0.899**
	0.868**		0.879**
100：200	0.897**	130：170	0.864**
	0.847**		0.878**
	0.807**		0.854**
	0.872**		0.865**
	0.843**		0.877**
110：190	0.852**	140：160	0.809**
	0.822**		0.844**
	0.882**		0.902**
	0.898**		0.886**
	0.869**		0.847**
120：180	0.848**	150：150	0.910**
	0.845**		0.900**
	0.873**		0.858**

附录十八　说明文形式、语义模型自动评分信度（六四比例人工评分与机器评分）

训练集验证集比例	机器评分与人工评分相关系数	训练集验证集比例	机器评分与人工评分相关系数
100：236	0.910**	140：196	0.911**
	0.915**		0.901**
	0.911**		0.913**
	0.916**		0.913**
	0.894**		0.903**
110：226	0.916**	150：186	0.903**
	0.923**		0.897**
	0.912**		0.922**
	0.861**		0.906**
	0.891**		0.894**
120：216	0.931**	160：176	0.908**
	0.905**		0.907**
	0.910**		0.898**
	0.915**		0.910**
	0.913**		0.927**
130：206	0.916**	170：166	0.911**
	0.887**		0.921**
	0.920**		0.915**
	0.926**		0.914**
	0.899**		0.891**

附录十九 议论文形式、语义模型自动评分信度（六四比例人工评分与机器评分）

训练集验证集比例	机器评分与人工评分相关系数	训练集验证集比例	机器评分与人工评分相关系数
100 : 157	0.782**	120 : 137	0.779**
	0.788**		0.826**
	0.813**		0.838**
	0.838**		0.831**
	0.798**		0.814**
110 : 147	0.818**	130 : 127	0.882**
	0.813**		0.869**
	0.819**		0.791**
	0.800**		0.797**
	0.827**		0.824**